从新手到高手系列

一本书学内部审计
新手内部审计从入门到精通

曹艳铭　主编

化学工业出版社
·北京·

《一本书学内部审计——新手内部审计从入门到精通》内容包括内部审计人员的职业要求、审计准备、审计实施、审计报告与后续工作、业务经营绩效审计、管理审计、内部控制审计——收入、业务内部审计——采购及费用、业务内部控制审计——存货的管理、业务内部控制审计——固定资产管理、业务内部控制审计——人力资源管理、业务内部控制审计——资金管理、业务内部控制审计——生产管理、业务内部控制审计——会计、信息系统审计等。

本书依据最新的法规编写而成,涵盖了内部审计的整个流程,并配有大量实战范本、图表和文书,与实际工作联系紧密,具有很强的操作性和指导性,可作为内部审计从业者的培训用书和实用指南。

图书在版编目（CIP）数据

一本书学内部审计：新手内部审计从入门到精通/曹艳铭主编．—北京：化学工业出版社，2020.1（2024.3重印）
（从新手到高手系列）
ISBN 978-7-122-35530-0

Ⅰ.①一… Ⅱ.①曹… Ⅲ.①企业管理-内部审计-基本知识 Ⅳ.①F239.45

中国版本图书馆CIP数据核字（2019）第248563号

责任编辑：陈　蕾　　　　　　　　　　　装帧设计：尹琳琳
责任校对：王鹏飞

出版发行：化学工业出版社（北京市东城区青年湖南街13号　邮政编码100011）
印　　装：涿州市般润文化传播有限公司
710mm×1000mm　1/16　印张16½　字数297千字　2024年3月北京第1版第4次印刷

购书咨询：010-64518888　　　　　　　　　售后服务：010-64518899
网　　址：http://www.cip.com.cn
凡购买本书，如有缺损质量问题，本社销售中心负责调换。

定　　价：68.00元　　　　　　　　　　　　　　　　　版权所有　违者必究

前言

企业内部审计是企业内部经济监督的一种形式,是企业内部审计机构依照国家有关法规和企业有关规章制度,对企业(包括投资的企业、承包租赁的企业)和各部门的财务收支及其经济活动的真实性、合法性、合理性和有效性进行独立审计,对企业安排的工作落实情况进行审计监察,以达到堵塞漏洞、完善制度、改善管理、提高经济效益的目的。

目前,我国企业内部审计也得到了较快的发展,已具备了一定数量的组织机构和人员,内部审计在维护国家财经法纪、改善企业经营管理、提高企业经济效益等方面都发挥了积极的作用。但同时我们也看到,企业内部审计在发展进程中日益暴露出一系列亟待解决的问题,例如:内部审计机构设置不合理,隶属关系不清,具体业务缺乏指导;重视审计业务,忽视理论研究;不少人对审计工作不理解,认为企业领导是"一言堂",轻视内部审计的作用,对内部审计有抵触情绪,甚至不配合,认为内部审计可有可无;专业人员配备不全,限制了内部审计工作的开展;重视服务监督,轻视服务机制。

然而,企业之间的竞争越来越激烈,这就要求企业不断提高自身内涵式的发展能力,也就是提高企业自身的管理能力,而加强企业内部审计是企业改善管理、防范风险的有效途径,可以全面有效地发现企业管理中的薄弱环节,对企业经济目标的实现、提高经济效益具有十分重要的意义。

基于此,我们组织实战经验丰富的企业内部审计专业人士编写了《一本书学内部审计——新手内部审计从入门到精通》。

本书分为15章，具体包括内部审计人员的职业要求、审计准备、审计实施、审计报告与后续工作、业务经营绩效审计、管理审计、内部控制审计——收入、业务内部审计——采购及费用、业务内部控制审计——存货的管理、业务内部控制审计——固定资产管理、业务内部控制审计——人力资源管理、业务内部控制审计——资金管理、业务内部控制审计——生产管理、业务内部控制审计——会计、信息系统审计等内容。

本书涵盖了内部审计的整个流程，并配有大量实战范本、图表和文书，与实际工作联系紧密，具有很强的操作性；本书依据最新的《中华人民共和国内部审计准则》《企业内部控制基本规范》《企业内部控制配套指引》《企业会计准则》《企业财务通则》等法规编写而成，指导性强，可作为内部审计从业者的培训用书和实用指南。

在本书的编写过程中，由于笔者水平有限，加之时间仓促，疏漏之处在所难免，敬请读者批评指正。

编　者

目录
CONTENTS

第 1 章 内部审计人员的职业要求 ·· 1

1.1 内部审计人员的必备知识 ·· 2
1.2 内部审计人员的必备能力 ·· 3
1.3 内部审计人员的职业道德规范 ······································ 3
    1.3.1 诚信正直 ·· 4
    1.3.2 客观公正 ·· 4
    1.3.3 提高专业胜任能力 ·· 6
    1.3.4 保密 ·· 6

第 2 章 审计准备 ·· 7

2.1 初步确定内部审计目标和审计范围 ·································· 8
    2.1.1 确定内部审计目标 ·· 8
    2.1.2 确定内部审计范围 ·· 8
2.2 研究背景资料 ·· 8
2.3 成立审计小组和确定审计时间 ······································ 9
2.4 编制年度审计工作计划 ·· 9
    2.4.1 年度审计工作计划的内容 ·································· 9
    2.4.2 年度审计工作计划的编制依据 ······························ 10
2.5 制定项目审计方案 ·· 15
    2.5.1 审计方案的内容 ·· 16
    2.5.2 审计方案的编写 ·· 17
    2.5.3 审计方案的审核 ·· 18
    2.5.4 审计方案的调整 ·· 18
2.6 发出审计通知书 ·· 21
    2.6.1 什么是审计通知书 ·· 22
    2.6.2 审计通知书的内容 ·· 22

第3章 审计实施

3.1 获取审计证据
3.1.1 审计证据的种类
3.1.2 审计取证要求
3.1.3 获取审计证据的工作步骤
3.1.4 审计证据的搜集方法

3.2 分析性审计程序
3.2.1 分析性审计程序的内容
3.2.2 分析性审计程序的作用
3.2.3 分析性审计程序的关键
3.2.4 分析性审计程序在内部审计各阶段的应用

3.3 审计测试
3.3.1 符合性测试
3.3.2 实质性测试

3.4 编制审计工作底稿
3.4.1 审计工作底稿编制的目的
3.4.2 审计工作底稿的分类
3.4.3 审计工作底稿的主要要素
3.4.4 审计工作底稿编制的要求

第4章 审计报告与后续工作

4.1 编制审计报告
4.1.1 审计复核与监督
4.1.2 整理审计工作底稿及相关资料，编写意见交换稿
4.1.3 与被审计单位交换意见
4.1.4 编制正式的审计报告
4.1.5 审核并报送审计报告

4.2 审计复核
4.2.1 复核的事项
4.2.2 复核的程序

4.3 后续审计——跟进审计决定的执行情况
4.3.1 后续审计的一般原则
4.3.2 后续审计的程序

4.4 建立审计档案 50
    4.4.1 应归入审计档案的文件和材料 50
    4.4.2 审计卷宗内的文件和材料的排列 50

第5章 业务经营绩效审计 53

5.1 销售业务绩效审计 54
    5.1.1 对销售计划的审计 54
    5.1.2 对销售人员管理风格的审计 55
    5.1.3 对销售服务质量的审计 55
    5.1.4 对产品宣传方式的审计 56
    5.1.5 对销售利润完成情况的审计 56
    5.1.6 对市场开发的审计 56

5.2 生产绩效审计 58
    5.2.1 生产计划制订的审计 58
    5.2.2 生产组织的审计 58
    5.2.3 生产工艺流程的审计 59
    5.2.4 生产计划完成情况的审计 59
    5.2.5 生产均衡性的审计 60

5.3 采购业务绩效审计 60
    5.3.1 采购计划及其完成情况的审计 60
    5.3.2 采购批量的审计 61
    5.3.3 采购成本绩效的审计 61

5.4 仓储保管业务绩效审计 62
    5.4.1 物资储备定额合理性的审计 62
    5.4.2 物资储备计划完成情况的审计 63
    5.4.3 仓储保管的设置与管理的审计 63

5.5 成本绩效审计 64
    5.5.1 成本绩效的事前审计 64
    5.5.2 成本绩效的事中审计 65
    5.5.3 成本绩效的事后审计 66

5.6 质量绩效审计 70
    5.6.1 质量绩效审计的目的 70
    5.6.2 质量成本的构成 70
    5.6.3 质量绩效审计的方法——最佳质量成本法 71

第6章 管理审计 ... 73

6.1 计划职能的审计 ... 74
6.1.1 计划制订的审计 ... 74
6.1.2 目标的审计 ... 75
6.1.3 策略、政策和经营计划的审计 ... 76
6.1.4 决策的审计 ... 77

6.2 组织职能的审计 ... 78
6.2.1 组织机构的审计 ... 78
6.2.2 协调关系的审计 ... 79
6.2.3 职责规定的审计 ... 79
6.2.4 人事管理的审计 ... 79

6.3 领导职能的审计 ... 81
6.3.1 领导素质与方法的审计 ... 81
6.3.2 授权管理的审计 ... 82
6.3.3 激励机制的审计 ... 83
6.3.4 信息沟通机制的审计 ... 83

6.4 控制职能的审计 ... 85

6.5 管理部门的审计 ... 86
6.5.1 管理部门审计的任务 ... 86
6.5.2 管理部门审计的特点 ... 87
6.5.3 管理部门审计的内容 ... 88

第7章 业务内部控制审计——收入 ... 90

7.1 收入业务审计项目 ... 91

7.2 销售政策和销售定价的订立和审批 ... 94
7.2.1 内部控制评价要求 ... 94
7.2.2 审计程序 ... 95

7.3 客户信用政策的订立、审批、复核及修改 ... 97
7.3.1 内部控制评价要求 ... 97
7.3.2 审计程序 ... 98

7.4 销售合同的订立和审批的控制 ... 100
7.4.1 内部控制评价要求 ... 100

  7.4.2 审计程序 ·········· 101

7.5 销售程序的控制 ·········· 102
  7.5.1 内部控制评价要求 ·········· 102
  7.5.2 审计程序 ·········· 104

7.6 产成品发运 ·········· 107
  7.6.1 内部控制评价要求 ·········· 107
  7.6.2 审计程序 ·········· 108

7.7 销售入账和应收账款 ·········· 109
  7.7.1 内部控制评价要求 ·········· 109
  7.7.2 审计程序 ·········· 111

7.8 销售退回 ·········· 113
  7.8.1 内部控制评价要求 ·········· 113
  7.8.2 审计程序 ·········· 114

7.9 售后服务和客户关系 ·········· 115
  7.9.1 内部控制评价要求 ·········· 115
  7.9.2 审计程序 ·········· 117

7.10 客户档案的建立、更新和复核 ·········· 118
  7.10.1 内部控制评价要求 ·········· 118
  7.10.2 审计程序 ·········· 119

第8章 业务内部控制审计——采购及费用 ·········· 120

8.1 业务流程概要 ·········· 121

8.2 供货商/承包商的选择和档案管理 ·········· 123
  8.2.1 内部控制评价要求 ·········· 123
  8.2.2 审计程序 ·········· 125

8.3 采购定价 ·········· 126
  8.3.1 内部控制评价要求 ·········· 126
  8.3.2 审计程序 ·········· 127

8.4 采购计划的订立、审批及修改 ·········· 127
  8.4.1 内部控制评价要求 ·········· 127
  8.4.2 审计程序 ·········· 128

8.5 采购合同的订立、审批及修改 ·········· 129

  8.5.1　内部控制评价要求 ·· 129
  8.5.2　审计程序 ·· 130
 8.6　购货程序 ·· 132
  8.6.1　内部控制评价要求 ·· 132
  8.6.2　审计程序 ·· 133
 8.7　应付账款和购货付款 ·· 134
  8.7.1　内部控制评价要求 ·· 134
  8.7.2　审计程序 ·· 135
 8.8　购货的入库和退回 ·· 137
  8.8.1　内部控制评价要求 ·· 137
  8.8.2　审计程序 ·· 138
 8.9　费用的处理（费用的审批、报销和截止） ···················· 139
  8.9.1　内部控制评价要求 ·· 139
  8.9.2　审计程序 ·· 140

第9章　业务内部控制审计——存货的管理 ····························· 141

 9.1　存货的管理业务流程概要 ·· 142
 9.2　原材料入库 ·· 146
 9.3　在产品和原材料的出库 ·· 146
  9.3.1　内部控制评价要求 ·· 146
  9.3.2　审计程序 ·· 147
 9.4　在产品和产成品的入库 ·· 147
  9.4.1　内部控制评价要求 ·· 147
  9.4.2　审计程序 ·· 148
 9.5　产成品出库 ·· 149
 9.6　存货的内部转移 ·· 149
  9.6.1　内部控制评价要求 ·· 149
  9.6.2　审计程序 ·· 151
 9.7　货品账目和盘点 ·· 151
  9.7.1　内部控制评价要求 ·· 151
  9.7.2　审计程序 ·· 152
 9.8　残次冷背存货的管理 ·· 153

  9.8.1 内部控制评价要求 ………………………………………………… 153
  9.8.2 审计程序 ……………………………………………………………… 154
9.9 存货保安（存货保险、人员、防火通风、存放外仓等） ……………… 155
  9.9.1 内部控制评价要求 ………………………………………………… 155
  9.9.2 审计程序 ……………………………………………………………… 156

第 10 章 业务内部控制审计——固定资产管理 …………………… 158

10.1 固定资产管理业务流程概要 ………………………………………………… 159
10.2 固定资产的购置及入账（供应商选择） …………………………………… 161
  10.2.1 内部控制评价要求 ………………………………………………… 161
  10.2.2 审计程序 …………………………………………………………… 163
10.3 固定资产的折旧 ……………………………………………………………… 165
  10.3.1 内部控制评价要求 ………………………………………………… 165
  10.3.2 审计程序 …………………………………………………………… 166
10.4 固定资产的调用 ……………………………………………………………… 166
  10.4.1 内部控制评价要求 ………………………………………………… 167
  10.4.2 审计程序 …………………………………………………………… 167
10.5 固定资产的租入 ……………………………………………………………… 168
  10.5.1 内部控制评价要求 ………………………………………………… 168
  10.5.2 审计程序 …………………………………………………………… 169
10.6 固定资产的处置 ……………………………………………………………… 171
  10.6.1 内部控制评价要求 ………………………………………………… 171
  10.6.2 审计程序 …………………………………………………………… 172
10.7 固定资产的维护 ……………………………………………………………… 172
  10.7.1 内部控制评价要求 ………………………………………………… 172
  10.7.2 审计程序 …………………………………………………………… 173
10.8 固定资产档案的管理 ………………………………………………………… 175
  10.8.1 内部控制评价要求 ………………………………………………… 175
  10.8.2 审计程序 …………………………………………………………… 175
10.9 固定资产盘点 ………………………………………………………………… 176
  10.9.1 内部控制评价要求 ………………………………………………… 176
  10.9.2 审计程序 …………………………………………………………… 177

第11章 业务内部控制审计——人力资源管理 179

11.1 人力资源管理业务流程概要 180
11.2 人力资源档案管理 183
11.2.1 内部控制评价要求 183
11.2.2 审计程序 184
11.3 薪金、津贴及社会保险 185
11.3.1 内部控制评价要求 185
11.3.2 审计程序 186
11.4 时间记录及休假 187
11.4.1 内部控制评价要求 187
11.4.2 审计程序 189
11.5 雇用、晋升、调派、轮岗和合同到期及中止 189
11.5.1 内部控制评价要求 189
11.5.2 审计程序 191
11.6 人员的培训 193
11.6.1 内部控制评价要求 193
11.6.2 审计程序 194
11.7 业绩考评 195
11.7.1 内部控制评价要求 195
11.7.2 审计程序 195

第12章 业务内部控制审计——资金管理 197

12.1 资金管理业务流程概要 198
12.2 贷款管理 200
12.2.1 内部控制评价要求 200
12.2.2 审计程序 202
12.3 现金管理 203
12.3.1 内部控制评价要求 204
12.3.2 审计程序 206
12.4 票据管理 208
12.4.1 内部控制评价要求 208

12.4.2 审计程序 ·· 209

12.5 股票债券的短期投资 ·· 210
12.5.1 内部控制评价要求 ·· 210
12.5.2 审计程序 ·· 211

12.6 电子银行支付的控制 ·· 213
12.6.1 内部控制评价要求 ·· 213
12.6.2 审计程序 ·· 214

第13章 业务内部控制审计——生产管理 ································ 217

13.1 生产管理业务流程概要 ·· 218
13.2 生产计划 ·· 220
13.2.1 内部控制评价要求 ·· 220
13.2.2 审计程序 ·· 220
13.3 生产流程（包括生产质量控制、计划外生产）············ 221
13.3.1 内部控制评价要求 ·· 221
13.3.2 审计程序 ·· 222
13.4 次品和残料的控制 ·· 224
13.4.1 内部控制评价要求 ·· 224
13.4.2 审计程序 ·· 225
13.5 产品成本的核算和入账 ·· 226
13.5.1 内部控制评价要求 ·· 226
13.5.2 审计程序 ·· 227

第14章 业务内部控制审计——会计 ·· 229

14.1 会计业务流程概要 ·· 230
14.2 会计政策的制定和审批 ·· 232
14.2.1 内部控制评价要求 ·· 232
14.2.2 审计程序 ·· 233
14.3 凭证的订立及审批 ·· 233
14.3.1 内部控制评价要求 ·· 233
14.3.2 审计程序 ·· 234

14.4 财务报表的制作、复核与管理 ··· 235
    14.4.1 内部控制评价要求 ··· 235
    14.4.2 审计程序 ··· 235
14.5 会计档案的存档（凭证、账簿和报表等） ······························· 236
    14.5.1 内部控制评价要求 ··· 236
    14.5.2 审计程序 ··· 237
14.6 纳税申报和缴纳 ··· 237
    14.6.1 内部控制评价要求 ··· 237
    14.6.2 审计程序 ··· 238

第15章 信息系统审计 ·· 240

15.1 信息系统审计的一般原则 ·· 241
    15.1.1 审计的目的 ··· 241
    15.1.2 责权划分 ··· 241
    15.1.3 其他 ··· 241
15.2 信息系统审计计划 ··· 242
15.3 信息技术风险评估 ··· 242
    15.3.1 信息技术风险的分类 ·· 243
    15.3.2 识别和评估风险应关注的内容 ·································· 243
15.4 信息系统审计的内容 ·· 244
    15.4.1 企业层面信息技术控制 ··· 244
    15.4.2 信息技术一般性控制 ·· 245
    15.4.3 业务流程层面应用控制 ··· 245
15.5 信息系统审计的方法 ·· 246
15.6 对信息系统计划开发阶段的审计 ····································· 247
    15.6.1 信息系统计划阶段 ··· 247
    15.6.2 信息系统开发阶段 ··· 247
15.7 对信息系统运行维护阶段的审计 ····································· 248
    15.7.1 信息系统运行阶段 ··· 248
    15.7.2 信息系统维护阶段 ··· 249

第 1 章

内部审计人员的职业要求

1.1 内部审计人员的必备知识

1.2 内部审计人员的必备能力

1.3 内部审计人员的职业道德规范

合格的内部审计人员不仅应具备丰富的知识，还应具备一定的专业胜任能力。

1.1 内部审计人员的必备知识

合格的内部审计人员需要掌握图1-1所示知识。

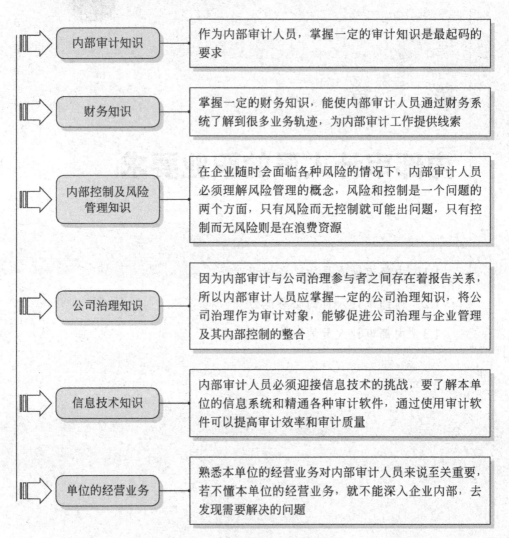

图1-1　内部审计人员的必备知识

1.2 内部审计人员的必备能力

以上知识通过多看相关方面的书籍就可以掌握,但是,学习知识不是目的,具备一定的能力才是关键。合格的内部审计人员需要具备以下能力。

1. 发现问题的能力

在一个陌生的组织中如何发现问题,是内部审计人员每天都要面对的问题,发现问题是内部审计人员的天职,也是内部审计人员的立身之本,所以内部审计人员应具备一定的敏感性和判断力。

2. 分析问题的能力

分析问题贯穿于整个审计过程的始末,从制订审计计划、分析发现的问题、寻求解决问题的办法等都需要内部审计人员具备很强的分析问题的能力。

3. 解决问题的能力

只发现问题显然不够,内部审计人员还要与被审计单位一同寻求解决问题的办法,只有把问题解决,才有可能使被审计单位接受审计意见。因此,合格的内部审计人员必须具备很强的解决问题的能力。

4. 表达能力

不管有多么重大的审计发现,也不管有多少可行的问题解决方案,如果内部审计人员不能把问题和方案表达清楚,那么就会使审计成果大打折扣。合格的内部审计人员应具备一定的书面表达能力和口头表达能力。

5. 人际交往能力

由于内部审计人员经常发现被审计单位工作中发生错误或低效率的地方,所以会存在潜在的人际关系的冲突。具有良好的沟通协调能力,以积极的态度运用人际交往技巧可以有效解决人际关系的冲突。

1.3 内部审计人员的职业道德规范

内部审计人员的职业道德是内部审计人员在开展内部审计工作中应当具有的职业品德、应当遵守的职业纪律和应当承担的职业责任的总称。

《第1201号——内部审计人员职业道德规范》是内部审计职业规范体系的重

要组成内容。它从职业道德行为的角度对内部审计人员的职业素质、品质、专业胜任能力等各方面提出了严格的要求，保证内部审计人员能够独立、客观地进行内部审计活动，确保内部审计作用的发挥，促进组织目标的实现。

1.3.1 诚信正直

内部审计人员在从事内部审计活动时，应当保持诚信正直。

（1）诚实、守信。内部审计人员在实施内部审计业务时，应当诚实、守信，不应有下列行为。

① 歪曲事实。
② 隐瞒审计发现的问题。
③ 进行缺少证据支持的判断。
④ 做误导性的或者含糊的陈述。

（2）廉洁、正直。内部审计人员在实施内部审计业务时，应当廉洁、正直，不应有下列行为。

① 利用职权牟取私利。
② 屈从于外部压力，违反原则。

1.3.2 客观公正

内部审计人员应当遵循客观性原则，在实施内部审计业务时，应当实事求是，不得由于偏见、利益冲突而影响职业判断。

（1）对客观性进行评估。内部审计人员实施内部审计业务前，应当采取图1-2的步骤对客观性进行评估。

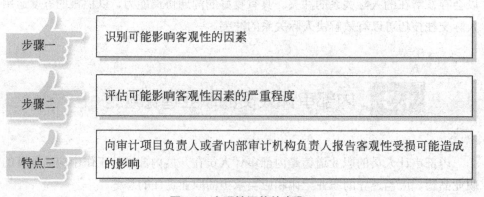

图1-2 客观性评估的步骤

（2）识别可能影响客观性的因素。内部审计人员应当识别图1-3所列可能影响客观性的因素。

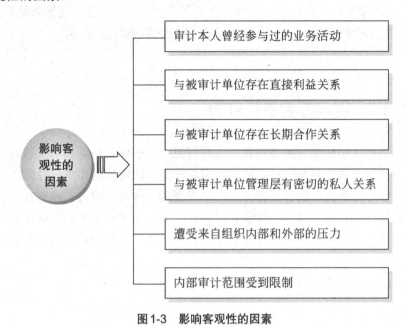

图1-3　影响客观性的因素

（3）采取保障内部审计客观性的措施。内部审计机构负责人应当采取图1-4的措施保障内部审计的客观性。

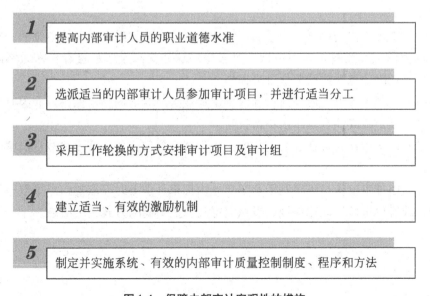

图1-4　保障内部审计客观性的措施

特别提示

当内部审计人员的客观性受到严重影响且无法采取适当措施降低影响时，停止实施有关业务，并及时向董事会或者最高管理层报告。

1.3.3 提高专业胜任能力

内部审计人员应当保持并提高专业胜任能力，按照规定参加后续教育。内部审计人员应当具备下列履行职责所需的专业知识、职业技能和实践经验。

（1）审计、会计、财务、税务、经济、金融、统计、管理、内部控制、风险管理、法律和信息技术等专业知识，以及与组织业务活动相关的专业知识。

（2）语言文字表达、问题分析、审计技术应用、人际沟通、组织管理等职业技能。

（3）必要的实践经验及相关职业经历。

1.3.4 保密

内部审计人员应当遵循保密原则，按照规定使用其在履行职责时所获取的信息。

内部审计工作的性质决定了内部审计人员经常会接触到被审计单位的一些机密的内部信息及资料，内部审计人员应当对这些信息及资料进行保密，不能滥用，要避免因信息泄露给单位带来损失。

（1）内部审计人员应当对实施内部审计业务所获取的信息保密，非因有效授权、法律规定或其他合法事由不得披露。

（2）内部审计人员在社会交往中，应当履行保密义务，警惕非故意泄密的可能性。

（3）内部审计人员不得利用其在实施内部审计业务时获取的信息牟取不正当利益，或者以有悖于法律法规、组织规定及职业道德的方式使用信息。

第2章

审计准备

2.1 初步确定内部审计目标和审计范围

2.2 研究背景资料

2.3 成立审计小组和确定审计时间

2.4 编制年度审计工作计划

2.5 制定项目审计方案

2.6 发出审计通知书

内部审计人员在了解审计事项后，就需要开始审计准备工作，制订审计计划。审计准备工作包括以下内容。

2.1 初步确定内部审计目标和审计范围

2.1.1 确定内部审计目标

内部审计的总目标是审查和评价企业各项经营管理活动，协助企业成员有效地履行他们的职责。针对已确定的具体审计任务，内部审计人员应制定具体的审计目标，以有助于拟定审计方案和进行审计工作结束后的审计评价。

2.1.2 确定内部审计范围

内部审计的范围一般包括以下几个方面。
（1）企业内部控制系统的恰当性和有效性。
（2）财务会计信息及资料的准确性、完整性、可靠性。
（3）经营活动的效率和效果。
（4）资产的保护情况。
（5）对法律、法规及政策、计划的遵守和执行情况。
内部审计人员应根据具体的审计任务确定具体的审计范围，以确保审计目标的实现。

2.2 研究背景资料

内部审计人员在制订审计计划时应收集、研究被审计对象的背景资料。
（1）当被审计对象为集团子公司、职能部门时，背景资料主要包括其组织结构、经营管理情况、管理人员相关资料、定期的财务报告、有关的政策法规、预算资料等。

（2）当被审计对象为某一项目、系统时，背景资料主要是指其立项和预算资料、合同及相关责任人资料等。

（3）如果在以前年度实施过内部审计，则应调阅以前的审计文件，关注以前的审计发现及了解被审计对象对审计建议的态度。

2.3 成立审计小组和确定审计时间

不同的审计项目要求内部审计人员具备不同的知识和技能，根据实际业务的需要，内部审计机构应安排适当的内部审计人员，指定审计项目负责人，并对审计工作进行具体安排。

企业在成立审计小组的同时，应初步确定审计时间，包括审计开始的时间、外勤工作时间、审计结束及审计报告的提出时间。

2.4 编制年度审计工作计划

企业的内部审计机构应在年初根据董事会的要求和企业的具体情况，确定审计重点，编制年度审计工作计划，经副总经理、运营总监审核后执行。

年度审计工作计划是对年度预期要完成的审计任务所做的工作安排，是企业年度工作计划的重要组成部分。

2.4.1 年度审计工作计划的内容

年度审计工作计划应当包括下列基本内容。

（1）年度审计工作目标。

（2）具体审计项目及实施时间。

（3）各审计项目需要的审计资源。

（4）后续审计安排。

2.4.2 年度审计工作计划的编制依据

编制年度审计工作计划应当结合内部审计中长期规划，在对企业风险进行评估的基础上，根据企业的风险状况、管理需要和审计资源的配置情况，确定具体审计项目及时间安排。

内部审计机构在编制年度审计工作计划前，应当重点调查了解下列情况，以评价具体审计项目的风险。

（1）企业的战略目标、年度目标及业务活动重点。
（2）对相关业务活动有重大影响的法律、法规、政策、计划和合同。
（3）相关内部控制的有效性和风险管理水平。
（4）相关业务活动的复杂性及其近期变化。
（5）相关人员的能力及其岗位的近期变动。
（6）其他与审计项目有关的重要情况。

实战范本 ▶▶▶

年度审计计划

一、导言

××公司审计部已完成了××年度审计计划，本计划是按照××公司《内部审计章程》，同时参照了国际内部审计师协会颁布的《内部审计实务标准》而制订的。审计计划以风险为基础，采用了风险评估、研讨会等方式，确定了本年度内部审计工作目标和审计计划的工作重点，除例行常规性的审计任务外，审计部已将××年度公司采购供应环节作为本年度重点审计项目，同时也考虑对员工反映的重点问题进行审计。

我们的年度审计计划是在广泛征求意见的基础上，充分考虑了被审计单位与部门的意见和建议以及公司实际情况后确定的。

由于所属单位和部门的差异较大，被评估的高风险领域不同，我们在选择可审计项目时充分考虑了差异性。

××年度审计计划中的审计项目将在目前已有的审计资源上完成，包括一名审计副总、一名审计经理、三名审计人员。

此外，××年度审计项目是基于目前的风险评估，这些项目将受到未来风险评估变化的影响。

二、××年度内部审计工作目标

××年度审计部工作目标将紧紧围绕公司生产经营和管理工作，按照董事会制定的年度工作总体思路和主要经营目标，在公司内部为董事会和管理部门提供客观的审计和检查服务，以内部审计部门的宗旨为使命，确保履行我们的服务与监督职能。

我们的目的就是协助董事会建立良好的公司治理机制，并对公司各级管理部门有效履行职责提供审核、意见和建议。

我们审计部××年度的发展目标，将重点培养审计专业骨干，强化审计部监督与服务职能，扩大审计部的服务范围，并通过内部培训提高审计人员的计算机操作水平和业务分析能力，提高业务技能，同时注重改进我们的审计方法和审计技巧。

三、××年度审计项目说明

鉴于各单位、部门实际情况不一，确定的审计项目不同，现对其分述如下。

1.对上年度财务报告、本年季度报、半年报财务信息进行内部审计

（1）审计级次。一级（年度重点项目）。

（2）审计安排。全年。

（3）审计目标。上年年报、本年季度报、半年报财务信息的合法性、合规性、真实性和完整性的内部审计。

（4）审计内容。财务报表是否遵守《企业会计准则》及相关规定，会计政策与会计估计是否合理，是否发生变更，是否存在重大异常事项，是否满足持续经营假设，与财务报告相关的内部控制是否存在重大缺陷或重大风险，各项财务信息是否准确完整。

2.采购供应环节项目审计

（1）审计级次。一级（年度重点项目）。

（2）审计安排。优先。

（3）审计目标。检查采购供应部门运作和内部控制系统，测定是否遵守已确定的政策、程序、标准及其他内部控制制度，并评价控制的适当性和效果性。

（4）审计内容如下。

① 确定重要原料和物品的采购是否从多个符合条件的供应商那里取得详细的报价单，并确定是否向批准的供应商订货；评价供应商的信誉情况、所提供产品的质量和价格以及能否及时供货。

②确定公司采购供应主管和职员与批准的供应商之间是否存在潜在的利益冲突。

③是否制订采购计划并由授权的主管按采购计划进行审批，是否提交书面订单。

④是否由独立于采购部门和会计部门的人员对收货数量进行审核。

⑤是否由独立于采购部门的人员对收到的原料和货物的质量进行审核。

⑥原材料出入库记录是否完整。

⑦对购入原材料和货物而发生的应付账款的记录是否采取良好的控制。

（5）审计程序

①向采购部经理和采购人员询问，并发放相关调查问卷。

②根据公司有关的采购供应政策和程序手册，编制采购审批授权流程图。

③抽查有关的购货文件和记录。

④对所有可获取的购货文件记录的审批授权情况进行测试。

3.募集资金的使用和保管

（1）审计级次。一级（年度重点项目）。

（2）审计安排。每季度一次。

（3）审计目标。募集资金按《××市××科技股份有限公司募集资金管理办法》进行管理和使用，审批控制手续完备，账务记录准确、完整。

（4）审计内容如下。

①检查募集资金三方监管协议是否有效执行，支付款审批权限是否按公司规定执行。

②是否存在未履行审议程序擅自变更募集资金用途、暂时补充流动资金、置换预先投入、改变实施地点等情形。

③募集资金使用与已披露情况是否一致，项目进度、投资效益与招股说明书是否相符。

④监督募集资金购买的大额固定资产项目是否签订合同，合同履行是否正常，合同审批权限是否符合授权规定。

4.固定资产审计

（1）审计级次。一级（年度重点项目）。

（2）审计安排。半年度一次。

（3）审计目标。固定资产内部控制管理制度有效运行；固定资产的购置符合授权审批的规定，入账手续齐全，计价符合会计准则和会计政策要求；半年度、年度固定资产的盘点情况。

（4）审计内容如下。

① 固定资产购置的审批授权权限、签订购买合同是否经过审批程序，入账是否准确及时，核算和折旧、减值准备的计提等是否符合公司财务制度的要求。

② 固定资产购买所签订合同是否按合同条款予以执行，每年度抽查合同××份以上。

③ 固定资产的保管、使用、管理、维护、盘点等是否符合内部控制制度的要求。

④ 检查购入资产的运营状况是否与合同所标的功能相一致。

5.常规性审计项目

（1）审计级次。二级。

（2）审计安排。按季度或月度时间点进行。

（3）审计目标。财务信息的管理控制。

（4）审计内容如下。

① 每月对公司各内部机构以及××、××等子公司的会计资料、财务收支环节及有关的经济活动的合法性、合规性、真实性和完整性进行审计。

② 每月根据财务凭证和支付款项目抽查采购与付款、固定资产、销售与回款等环节的财务控制项目××至××项，进行合规性检查。

③ 每月抽查××至××项物料领料程序的审批、出库、使用、欠料、退料等是否符合公司内部控制管理制度。

④ 每月抽查××至××项成品出库程序，出库指令是否符合公司规定、出库单是否严格按审批流程签字确认。

6.突发性审计或临时性审计

根据公司实际需要，按照公司董事会、审计委员会、公司管理者提出的需要，进行内部突发性审计工作或临时性审计工作。

四、审计资源分配情况

审计资源的分配是基于审计部一名审计经理、三名审计人员而完成的。安排具体审计项目的时间是在征询了被审计单位和部门意见的基础之上而确定的。审计资源分配情况如下表所示。

审计资源分配情况

审计项目	审计开展时间	所需时间/小时	人员数量	备注
1.重点审计项目		840		
（1）采购供应审计	××年5月1日	480	4	
（2）募集资金项目审计	资金到位之时、半年度	360	2	
2.常规性审计项目		560		
（1）关联交易项目	××年7月	240	2	
（2）××分公司	××年12月底	120	2	
（3）××分公司	××年12月底	200	2	
3.突发性审计项目	按公司要求	视项目而定	视项目而定	
4.后续教育		600	4	
5.审计会议及培训		300	4	
6.审计计划	××年1月	80	4	
7.审计实施	全年度	1400+未定（三项）		年度合计
8.审计跟踪	项目审计之后	200		年度合计
9.其他事项		待定		

五、后续审计的必要安排

审计部将执行公司内部审计章程，接受公司既定的后续审计政策。

我们有责任对审计报告中认为有问题的每一审计项目实施后续审计，安排相关后续审计计划、审计范围和目标，实施相关后续审计程序，其目的是确定有无采取纠正措施，向公司董事会和管理层报告这些措施，并评价它们对纠正审计过程中发现的缺陷的效果。

同时，我们有责任和义务发送与后续审计有关的报告。

六、风险评估过程

审计部已基本按照××年度审计计划完成了各项审计工作，我们总结了××年审计过程中发现的问题，评价了审计效果，针对公司、所属单位和部门的实际情况（包括经营状况、管理水平、高风险区域等），拟定了××年度审计计划。

鉴于公司管理层正在将风险管理融入公司的全面运营之中，我们力求将内部审计工作与其协调一致，使这两项工作产生协同增效的作用。

审计部在对可能影响公司的风险进行了评估后，制定了可审计项目计划核对表，将其发至公司的管理层，管理层提出了各自的建议，我们根据反馈的意见对各单位、各部门的可审计项目进行修订后下发至各单位、各部门（具体明细如下表所示），要求各单位、各部门对可审计项目提出建议。

××公司××年度可审计项目计划核对表

序号	审计项目	意见与建议	备注
1	采购供应环节审计		
2	生产成本环节审计		
3	销售及应收账款审计		
4	募集资金项目审计		
5	关联交易项目审计		
6	基建工程项目审计		
7	××分公司常规审计		
8	××分公司常规审计		
9	其他突发性例行审计项目		

各单位、各部门在进行了充分的讨论后，对可审计项目提出了各自的建议，审计部认真研究了来自各个方面的反馈信息，最终确定了××年度审计项目，为了不影响各单位、各部门的日常工作，同时提升每次审计的效率和效果，我们与被审计部门讨论了××年度具体审计项目的实施时间。

七、附则

以上年度计划呈公司董事会、审计委员会批复。

2.5 制定项目审计方案

审计方案说明了审计目标、范围和具体进行的程序。同进，审计方案还是对审计工作的记录。

对内部审计人员来说，审计方案就像船长手中的航海图、驾驶员面前的交通图一样意义重大。一份完善的审计方案应该像一张清晰明确的道路图，标明了审计的工作方向和步骤，为内部审计人员有效地进行现场检查和评价活动提供了行动指南；同时，它也应该成为内部审计人员在现场审计过程中实现自我控制的一种手段，以保证效率和效果的方式在规定的时间和费用预算范围内达到审计目标，完成审计任务。

审计方案在计划审计工作时由审计负责人初步制定，并在审计工作实际进行中根据需要进行修改和调整。

特别提示

内部审计机构在实施审计时，应当根据年度审计项目计划或指令和被审计单位的情况及预计审计工作的复杂程度，决定是否编制审计方案。预计审计时间短、审计目标单一、情况简单的审计项目，可以不编制审计方案。

2.5.1 审计方案的内容

审计方案的主要内容包括以下方面。
（1）编制审计方案的依据。
（2）被审计单位的名称和基本情况。
（3）审计目的、审计范围及审计策略。
（4）重要财会及经济活动问题和重点审计区域。
（5）审计工作进度及时间预算。
（6）审计组组成及人员分工。
（7）重要性水平的确定及风险的评估。
（8）需被审计单位配合支持的事项。
（9）编制审计方案的日期。
（10）其他有关内容。

特别提示

审计组在编制审计方案时，应当考虑项目审计的要求、审计成本效益和可操作性，并对审计的重要性、财会及经营活动的风险程度进行适当评估。

2.5.2 审计方案的编写

1. 编写审计方案前资料的收集

审计组编写审计方案时,应当收集、了解与审计事项有关的法律、法规、规章、政策和其他文件资料。审计组编写审计方案前,应当调查了解被审计单位的下列情况,并要求被审计单位提供有关资料。

(1) 业务性质、经营规模与特点及管理组织结构。
(2) 经营情况与经营风险。
(3) 合同、协议、章程、营业执照、贷款证等法律性文件。
(4) 计划审计期间的各种经济活动合同和分析性资料、各项预算及执行情况。
(5) 银行账户、会计报表及其他有关的会计资料。
(6) 财务会计机构及工作情况。
(7) 相关内部控制制度。
(8) 相关的重要会议记录。
(9) 前次接受审计、检查的情况。
(10) 有关行业和财经政策及宏观经济形势对被审计单位的影响。
(11) 其他与编制审计方案相关的重要情况。

特别提示

审计组对曾经审计过的单位,应当注意利用原有的审计档案资料。

2. 审计方案的编写依据

内部审计人员可以同被审计单位的有关人员就审计方案的某些要点和某些审计程序进行讨论,使被审计单位有关人员配合审计程序的执行及有关协调工作,但独立编制审计方案仍是内部审计人员的责任。

审计项目负责人应当根据被审计单位的下列情况,编制项目审计方案。

(1) 业务活动概况。
(2) 内部控制、风险管理体系的设计及运行情况。
(3) 财务、会计资料。
(4) 重要的合同、协议及会议记录。

（5）上次审计结论、建议及后续审计情况。
（6）上次外部审计的审计意见。
（7）其他与项目审计方案有关的重要情况。

2.5.3 审计方案的审核

对审计方案，应审核以下主要事项。
（1）审计目的、审计范围及重点审计领域的确定是否恰当。
（2）时间预算是否合理。
（3）审计组成员的选派与分工是否恰当。
（4）对被审计单位的内部控制制度的信赖程度是否恰当。
（5）对审计重要性的确定及风险的评估是否恰当。
（6）审计程序能否达到审计目标。
（7）审计程序是否适合各审计项目的具体情况。
（8）其他需要审核的事项。

2.5.4 审计方案的调整

审计组在实施审计过程中，发现审计方案与实际需要不适应时，可以根据具体情况按照规定及时调整。

审计组调整审计方案，应当向审计部主管说明调整的理由，书面提出调整建议，报经审计部主管同意后实施。

审计组在特殊情况下不能按前条规定办理调整审计方案签批手续的，可以口头请示审计部主管同意后，调整并实施审计方案。项目审计结束时，审计组应当及时补办签批手续。

 实战范本 ▶▶▶

某企业内部审计方案

被审计单位（部门）	××公司
审计目的	对财务收支的真实性、合理性进行确认，对相关制度的建设与执行进行评价，对××的任期进行评价

续表

审计方式	就地审计				
编制依据	审计部××年度工作计划及审计部的工作安排				
审计范围	××年×月×日至××年×月×日的财务报表				
审计内容	（1）××公司××年×月×日至××年×月×日的资产、负债、损益、所有者权益的真实性、合规性、准确性 （2）××公司××经济责任审计 （3）××有限公司内控管理情况 （4）××有限公司会计核算管理情况 （5）××有限公司资产管理情况 （6）会计核算体系、会计基础工作规范情况 （7）资产保护措施及执行情况 （8）担保、重大资产处置情况 （9）其他需要审计的事项				
计划工作时间	外勤工作时间：××小时				
费用预算	××元				
审计组人员及分工	姓名	职责	具体工作事项		
			审计内容	时间	审计重点
		项目负责及审计实施	（1）草拟审计通知书		1.××公司的公司规章制度执行情况 2.会计核算管理情况 3.财务制度财经纪律执行情况 4.资产管理情况 5.资产是否安全 6.内控是否有效并得到很好的执行 7.印章管理 8.资产是否真实完整 9.负债是否存在 10.收入是否真实完整 11.成本费用是否真实完整 12.房租付款是否真实 13.固定资产、存货是否账实相符
			（2）草拟审计工作方案		
			（3）内控审计		
			（4）会计报表审计		
			（5）房租审计		
			（6）货币资金、固定资产、存货抽查、物流存货抽查		
			（7）××经济责任审计		
			（8）撰写审计报告初稿		
			……		

续表

		时间	执行人
具体实施步骤	一、准备阶段		
	根据公司其他任务及人员的实际情况进行审前准备报表审计		
	（1）收集查阅××公司相关资料文件，进行初步分析		
	（2）对××公司××年1月至12月账务情况、报表情况进行查询		
	（3）草拟审计工作方案、草拟审计通知书		
	（4）×月×日送达审计通知书		
	（5）×月×日与被审计单位见面，宣读审计通知书与被审计单位就本次审计工作进行安排、沟通，审阅与核查××公司所提交的资料		
	二、实施阶段	时间	执行人
	××年×月×日至×月×日按审计内容实施审计，时间顺序可根据实际情况进行调整，审计内容可交叉进行		
	（1）发放往来询证函，并做回函统计		
	（2）对××公司货币资金进行盘点、检查		
	（3）对××公司银行存款进行函证或替代程序检查		
	（4）对××公司并账情况进行审计		
	（5）对××公司上线情况进行审计		
	（6）准备门店及物流商品盘点资料、门店固定资产实物清单、现金盘点资料		
	（7）对物流库存商品进行抽盘		
	（8）对门店库存商品及固定资产、现金进行抽盘		
	（9）对房租支付情况进行审计		
	（10）对内控管理进行审计		
	（11）进行××经济责任审计		

续表

		时间	执行人
具体实施步骤	三、整理报告阶段		
	（1）整理审计底稿；汇总审计情况；草拟审计内容的初步交换意见；按项目情况的安排实施追加审计程序；复核审计底稿；汇总审计情况和交换意见		
	（2）撰写审计报告交换意见初稿报部门领导审核		
	（3）审计报告交换意见初稿报部门领导审核后与被审计单位初步交换意见；根据初步交换意见的反馈结果，决定是否追加审计程序		
	（4）根据反馈结果，修订交换意见，撰写审计报告初稿报部门领导审核		
	（5）根据部门领导的意见，出具正式审计报告		
	四、终结阶段	时间	执行人
	（1）根据公司领导对审计报告的批示意见，出具审计意见书，下达审计结论		
	（2）审计底稿装订归档		
高级审计师审核意见			
审计部门负责人审批意见			
审计负责人审批意见			

2.6　发出审计通知书

在审计前，内部审计人员应发出"内部审计通知书"（如图2-1所示），通知被审计单位进行审计的时间、目标和范围，并要求被审计单位及时准备相关的文件、报表和其他资料，告知需要配合的相关事项。

在经授权实施突击审计的情况下，内部审计机构可不预先通知被审计单位。

```
            内部审计通知书
                  内审[    ]字
                                              签发：
  _____部/项目部：
    根据公司审计委员会批准，审计员将于近期内对你部门进行内部审计工作，具体审计
  时间和计划将在审计开始前一周通知，请在接到审计员通知的具体审计时间和计划后尽
  快完成准备工作并提前进行工作安排。
    请各有关部门对审计工作予以协助。
                                        审计员：_____
                                        _____年____月____日
```

图2-1　内部审计通知书

2.6.1　什么是审计通知书

审计通知书是指内部审计机构在实施审计之前，告知被审计单位或者人员接受审计的书面文件。

2.6.2　审计通知书的内容

审计通知书应当包括下列内容。
（1）审计项目名称。
（2）被审计单位名称或者被审计人员姓名。
（3）审计范围和审计内容。
（4）审计时间。
（5）需要被审计单位提供的资料及其他必要的协助要求。
（6）审计组组长及审计组成员名单。
（7）内部审计机构的印章和签发日期。

> **特别提示**
>
> 审计通知书最好能够明确对被审计单位的以下要求。
> ① 及时提供审计人员所要求的全部资料。
> ② 为审计人员的审计提供必要的条件及合作。
> ③ 审计费用的承担方式。
> ④ 其他要求事项。

第3章

审计实施

3.1 获取审计证据

3.2 分析性审计程序

3.3 审计测试

3.4 编制审计工作底稿

审计实施即审计人员自身实施审查与取证的过程。这个阶段在整个审计中是非常重要的一个阶段，审计人员的任何一点疏忽，均有可能增加审计风险，提高审计成本，甚至造成整个审计项目的失败。

3.1 获取审计证据

审计证据是指审计人员在执行审计业务过程中，为形成审计意见所获取的证据。

3.1.1 审计证据的种类

审计证据有下列几种。
（1）以书面形式存在并证明审计事项的书面证据。
（2）以实物形态存在并证明审计事项的实物证据。
（3）以录音录像或计算机储存、处理的证明审计事项的视听材料或其他介质材料。
（4）与审计事项有关人员提供的证明材料。
（5）专门机构或专门人员的鉴定结论和勘验笔录。
（6）其他证据。

3.1.2 审计取证要求

审计取证的要求如图3-1所示。

要求一　内部审计人员可以搜集能够证明审计事项的原始资料、有关文件和实物等，不能做到的也可以采用文字记录、摘录、复印、拍照、转储、下载等方式取得审计证据

要求二　内部审计人员在搜集实物证据时，应当注明实物的所有权人、数量、存放地点、存放方式和实物证据提供者等情况

要求三　内部审计人员在搜集视听材料或者电子数据资料时，应当注明制作方法、制作时间、制作人和电子数据资料的运作环境、系统以及存放地点和存放方式等情况。必要时，电子数据资料能够转换成书面资料的，可以将其转换成书面资料

要求四　内部审计人员在搜集鉴定结论和勘验笔录时，应当注明鉴定或者勘验的事项、向鉴定人和勘验人员提交的相关资料、鉴定人或者勘验人的资格等

要求五　对实现审计目标有重要影响的审计事项的审计步骤和方法难以实施或者实施后难以取得充分证据的，内部审计人员应当实施追加或者替代的审计步骤和方法。仍难以取得充分审计证据的，应当由审计组长确认，并在审计日记中予以记录和在审计报告中予以反映

要求六　内部审计人员取得审计证据，应当有证据提供者签名或者盖章，不能取得提供者签名或者盖章的，内部审计人员应当注明原因，不能取得签名或盖章、不影响事实存在的，该审计证据仍然有效

图 3-1　审计取证的要求

3.1.3　获取审计证据的工作步骤

（1）召开审计座谈会。内部审计人员进驻被审计单位后的第一项工作，就是要召开一次与被审计单位相关人员的初次见面会议。所谓"相关人员"，不仅是指被审计单位的经理或各级管理部门的负责人，更重要的应包括与被审计活动直接相关的业务主管人员，甚至具体工作人员。

在这个会议上，内部审计人员应该向与会者，尤其是那些以后要对报告做出答复的管理人员说明来意，阐明审计的目标、大致工作范围、时间安排、要求提供的资料和帮助，以及其他为完成审计任务所做的具体安排和要求。

内部审计人员应了解管理人员所关心的问题，例如，对实际工作中存在问题的看法，以及对本次审计工作所持的态度和要求审计人员提供的帮助；同时，还应该就有关经营目标、计划管理、内部控制、财务会计、生产技术、经营方针等方面的问题广泛地交流意见。在现场调查过程中，内部审计人员所要求收集的大部分资料和信息都来源于管理部门的管理人员，因此必须围绕调查表中有关重要

问题进行较为详尽的讨论，主要听取他们对有关方面的情况所发表的意见和看法。通过交谈，内部审计人员可以更进一步了解有关计划和控制系统、业绩标准的制定和修订、经营管理状况和财务会计等方面的情况，以及管理人员已经意识到的问题。

初次见面会议是一次非常重要的、必不可少的会议。它是内部审计人员取得对被审计单位宏观认识的一次机会，也是建立合作关系的基础。在会晤交谈中，内部审计人员应该明智地提出一些具体的敏感问题，显示其专业素质能力和职业风格，同时又必须保持谦虚、勤奋、踏实的作风，显示客观公正的职业姿态，免除被审计人员可能存在的抵触情绪，争取他们对审计工作的支持和帮助。可以说，内部审计人员在初次见面中所表现的态度和作风是能否取得被审计单位人员配合的一个重要因素。

（2）实地观察。实地观察是侧重于经营管理方面的审计不可缺少的内容，它能够使内部审计人员更准确、更直接地了解被审计单位是如何为实现生产经营目标而工作的，证实被审计人员所声称的各种情况是否与现场实际相符。

① 实地观察中应关注的问题。内部审计人员在实地观察中应该关心以下方面的问题。

> ● 活动是否遵守了公司的方针、政策、法律、条例，以及各种应予遵守的程序和标准。
> ● 资源财产的安全和完整方面的保护与控制情况。
> ● 控制措施的运用及其效果。
> ● 现场工作状况及其质量。
> ● 资源的筹集和使用情况。
> ● 会计信息和业务信息的处理情况及其准确程度。
> ● 生产现场的秩序和纪律等。

② 实地观察的要求。实地观察应该是一项认真细致的工作，绝不能像走马观灯那样轻松愉快、随随便便。

在实地观察过程中，内部审计人员既要注意"看"，也要认真"听"，还应该适当地运用分析判断以挖掘那些未被考虑而又需要进行观察的事物，时刻注意那些不正常、不经济、低效率或任何可能存在问题的迹象。这些迹象可能以工作流程不顺畅、场地脏乱、设备安置和保养不恰当、资产保管地不安全、装置泄漏点不正常、业务衔接不够等形式表现出来，也可能表现在指挥不当、职员对管理人员有不满或抵触情绪、工作态度不严谨、作风散漫等方面。

> **特别提示**
>
> 实地观察必须由熟知情况的管理人员陪同进行，内部审计人员应该随时提出一些具体问题以求得现场解答，尤其对观察中发现的不正常或存在疑虑的现象，应该询问其原因直到得到满意的回答为止。

内部审计人员要适当听取现场作业人员就目前情况和存在问题进行的介绍和解释，并对之进行比较分析，这有助于内部审计人员从不同人员对同一事物所做的不同解释中去揭示可能存在的重大问题或需要深入调查的潜在风险区域。

③ 实地观察所收集的信息和结果的利用。在利用实地观察所收集的信息和结果时，内部审计人员应该保持谨慎的态度。一方面，实地观察中所观察到的一切情况都可能是随机事件，并不能完全代表正常条件下的一般现象。这要求内部审计人员在今后的工作中进一步证实，例如，内部审计人员在现场既没有看到工作停顿，也没有发现工作积压，场地也很干净整齐，展现在他们面前的是一条畅通无阻的生产流水线，但是在生产管理部门或生产车间有关产品产量的统计资料中，却发现每个月的产品产量起伏很大，甚至出现产量为零的情况。这就表明，因为停工可能没有完成生产计划，眼前畅通运行的生产线是一种假象。另一方面，由于某些客观原因（例如，被检查人员把内部审计人员看作是"拿着别人的脑袋去邀功请赏"的对手），内部审计人员所听到的介绍和解释可能不是真实情况的反映，甚至可能与真实情况相背离。

因此，内部审计人员既不能过于信赖被审计单位有关人员提供的信息，也不能被现场观察到的良好状况的假象所迷惑。当然，也不能因为观察到了低效率、不经济、不正常的现象就轻易得出一般性的结论。

在实地观察和利用其结果时，内部审计人员必须牢记：参观中所观察到的一切情况并不一定反映了正常条件下的一般情况，都需要得到进一步证实。

（3）研究文件资料。文件是储存和传递信息的一种方式，每个被审计单位都会有大量的、名目繁多的文件。在初步准备工作中，内部审计人员就应该知道将要审计的单位有些什么文件，需要查阅哪些文件，并提出索取所需文件的具体要求。

要查阅所有的文件是不可能的，也是没有必要的。通常，内部审计人员应将时间和精力集中于查阅与被审计活动相关的重要文件上。这些文件包括以下内容。

- 上级管理部门下达的计划、预算和经营目标。
- 目标管理方案。
- 质量控制和业绩报告。
- 程序流程图。
- 操作规程。
- 重要岗位说明。
- 会计原则和政策。
- 核算体系。
- 各项业绩标准。
- 与企业内部和外部往来的重要文件等。

阅读被审计单位近期的文件记录可以使内部审计人员迅速了解这个单位目前的状况和潜在的发展趋势，弥补内部审计人员在办公室里所掌握情况的不足之处。一些分析性报告通常反映了本期某些活动的进展情况和存在的问题；有些文件记录了被审计单位在生产经营管理和财务会计等方面存在的重大变化，这些变化可能给被审计单位造成了积极的或消极的影响。这些文件所反映的情况可以为确定审计重点提供参考，提醒内部审计人员在以后的工作中给予必要的关注，并证实和分析所反映的问题。

（4）编写初步调查说明书。初步调查完成后，内部审计人员应编写简要的初步调查说明书，概括被审计单位的基本情况和初步调查的实施情况。

3.1.4 审计证据的搜集方法

内部审计人员可以通过检查、监督盘点、观察、询问、函证以及录音、录像、拍照、复印、计算和分析性复核等方法，收集审计证据。

（1）检查记录或文件。检查记录或文件是指内部审计人员对被审计单位的会计记录和其他书面文件可靠程度的审阅和复核。

审阅是指内部审计人员对被审计单位的原始凭证、记账凭证、会计账簿、会计报表和经营计划、预算、决策及其他书面文件的内容与形式进行详细的审查和研究。在审阅书面文件时，在内容上应注意其是否真实、合法；在形式上应注意其要素设计是否全面合理，各要素填制是否齐全。

复核的重点是各种会计记录和其他书面文件中各种数据的正确性和一致性。比如销货发票中的数量、单价和金额是否正确，总账余额和所属明细账余额合计数是否相同，总账余额与会计报表中相应项目的余额是否相同等。

（2）检查有形资产。检查有形资产是指内部审计人员现场监督被审计单位各种实物资产及现金、有价证券的盘点，并进行适当的抽查。对于一般实物资产，由被审计单位的人员进行盘点，内部审计人员对盘点进行监督；对于贵重实物资产，内部审计人员还可以进行重点抽查，如盘点各种实物资产及现金、有价证券等。

检查有形资产能够确定实物资产是否存在，有时还能确定实物资产的状况和质量，但不能确定实物资产是否归被审计单位所有和计价是否准确。

（3）观察。观察是指内部审计人员对被审计单位的经营场所、实物资产和有关业务活动及其内部控制的执行情况等进行实地查看。比如，内部审计人员观察财务部门的工作，可以了解其各项职责的履行情况。如果观察所取得的审计证据不具有充分性，则需要有其他证据佐证。

（4）询问。询问是指内部审计人员向有关人员进行的书面或口头询问以获取审计证据的方法。比如，向有关人员询问内部控制执行情况。内部审计人员可以采用书面或口头两种方式进行询问。由于被询问人员回答时的主观性和随意性，询问取得的审计证据可靠性较差。

（5）函证。函证是指内部审计人员为了获取财务报表或相关披露认定的项目的信息，通过来自第三方的对有关信息和现存状况的声明，获取和评价审计证据的过程。函证包括两种方式：肯定式函证和否定式函证。肯定式函证是指无论函证的内容与被函证人的记录是否一致，都要予以回复的函证方式；否定式函证是指只有在函证的内容与被函证人的记录不一致时，才予以回复的函证方式。

函证适用于应收账款、银行存款、应收票据、应付账款等。由于内部审计人员直接从独立于被审计单位之外的第三者那里取得函证回函，采用这种方法获取的是一种可靠性程度比较高的外部证据。但是，内部审计人员必须严格控制函证的整个流程，从发出询证函起到收到询证函止绝不能让被审计单位接触到询证函，否则，函证证据的可靠性就很难保证。对于第一次函证没有答复的，应采用追加程序，继续发出第二封乃至第三封询证函。如果仍没有回复，那么内部审计人员应实施替代性审计程序。

特别提示

内部审计人员在采用函证法时，还应考虑被函证对象的信誉、品德、客观性等，这些因素也会影响审计证据的可靠性。同时，内部审计人员应确保函证的内容明确，不会被函证对象误解或曲解。

（6）重新计算。重新计算是指内部审计人员以人工方式或使用计算机辅助审计技术，对记录或文件中的数据计算的准确性进行核对。计算的适用范围为：凭证、账簿、报表中有关数据的验算，横向、纵向加总的验算，如折旧的计算。

内部审计人员进行计算的目的在于验证被审计单位的凭证、账簿和报表中的数字是否正确。内部审计人员运用计算方法取证时，应采用与被审计单位确定的政策和选定的方法相一致，但在计算形式和顺序上可以按内部审计人员认为最有利于提高效率的方式进行，不一定要遵循被审计单位的原定方式和方法。

例如，内部审计人员为验证累计折旧计提的正确性，应先将被审计单位确定的计提基础时期（即是按本期余额还是按上期余额计提折旧）、计提折旧方法、使用年限、净残值率、计提折旧范围（即哪些固定资产可以计提折旧）等予以审核采用，然后收集有关数据进行计算；计算时一般以一年为计算期，而被审计单位的计算期可能是一个月一个月计算累加而得的。内部审计人员应对计算过程中的准确性和计算结果以及其他差错（如过账和转账）等予以关注。

计算取证的另外一种形式是对会计资料中有关项目进行加总或其他运算。其中，加总既可以是横向数据加总，也可以是纵向数据加总。横向加总主要是验证借贷余三栏金额的正确性和多栏式明细账中各明细项目数据与总数据的正确关系；纵向加总对于验证合计数、累计数的正确性不失为很有效的方法。

（7）重新执行。重新执行是指内部审计人员以人工方式或使用计算机辅助审计技术，重新独立执行作为被审计单位内部控制组成部分的程序和控制。例如，内部审计人员利用被审计单位的银行存款日记账和银行对账单，重新编制银行存款余额调节表，并与被审计单位编制的银行存款余额调节表进行比较。

（8）分析程序。分析程序是指内部审计人员通过研究不同财务数据之间以及财务数据与非财务数据之间的内在关系，对财务信息作出评价。分析程序的目的在于发现异常波动。如果发现重大波动，则内部审计人员应进一步采用其他审计程序。

特别提示

审计中如有特殊需要，可以指派或者聘请专门机构或有专门知识的人员，对审计事项中某些专门问题进行鉴定，取得鉴定结论，作为审计证据。

3.2 分析性审计程序

内部审计人员应根据财务报表和有关业务数据计算相关比率、趋势变动，用定量的方法更好地理解被审计单位的经营状况。

3.2.1 分析性审计程序的内容

分析性审计程序主要探讨的是信息的合理性，内容包括以下几点。
（1）当期的信息与前期的相似信息比较。
（2）当期的财务和经营信息与预测比较。
（3）本部门信息与其他部门的相似信息比较。
（4）财务信息与相应的非财务信息比较（如工资费用与员工数量比较）。
（5）信息各元素之间的相互关系比较（如利息支出变化与负债结构变化比较）。
（6）本机构信息与机构所在行业的类似信息比较。

3.2.2 分析性审计程序的作用

分析性审计程序的作用主要有以下几点。
（1）可以确定各种数据之间的关系。
（2）能够确认期望发生的变化是否发生。
（3）能够确认是否存在异常变化，只要发现异常变化，则内部审计人员必须了解发生的原因，对该变化是否是错误行为、违法行为、违规行为、不正常交易或事件以及会计核算方法导致的后果进行确认。
（4）能够识别潜在的错误。
（5）能够发现潜在的违规或违法行为。
（6）能够识别其他不经常或不重复发生的交易或事件。

3.2.3 分析性审计程序的关键

分析性审计程序的关键在于分析以及比较，要分析所收集数据之间可能存在的关系，即相关性，而且要保证搜集数据的可靠性，并且剔除其中的不合理因素。然后利用内部审计人员积累的经验以及收集的合理标准，对照分析被审计单位提供的资料以及信息，从中发现异常的变动、不合常理的趋势或者比率。

（1）应考虑数据之间的关系以及比较基准。运用分析性审计程序的一个基本前提就是数据之间存在着某种关系，因此，应考虑数据之间的关系以及比较基准，如图3-2所示。

分析所收集数据之间存在的关系
即财务信息各构成要素之间的关系，以及财务信息与相关非财务信息之间的关系。财务信息各要素之间存在相关性以及内部钩稽关系，例如应付账款与存货之间通常有稳定的关系；当然某些财务信息与非财务信息之间也存在内在联系，如存货与生产能力之间的关系，以此来判断存货总额的合理性

考虑数据信息之间的比较基准
在运行分析性审计程序时，内部审计人员要注意将被审计单位本期的实际数据与上期或者以前期间的可比数据进行比较来判断是否存在异常，在运用以前期间的可比会计信息时，要注意被审计单位内部和外部的相关变化。内部审计人员可以将自己的预期数据与被审计单位财务报表上反映的金额或者比率进行比较，可以发现异常情况

图3-2　考虑数据之间的关系以及比较基准

（2）要合理确定分析性审计程序的应用方式。分析性审计程序在所有的会计报表审计的计划阶段和报告阶段都必须使用，在审计测试阶段可以选择使用，但是内部审计人员在审计的过程中要合理确定分析性审计程序的应用方式。应用方式主要有图3-3所示的几种。

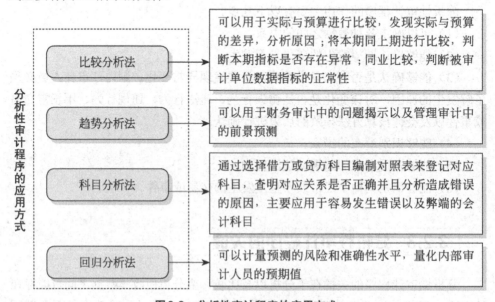

图3-3　分析性审计程序的应用方式

特别提示

内部审计人员可以应用计算机审计专门软件进行辅助分析，主要是借助计算机信息储存量大、计算准确快速、制作图表方便简捷的功能，将审计或审计调查的有关数据输入计算机，对全部分析对象进行专题性、行业性、综合性等相关分析。内部审计人员可以通过对采集的数据信息，根据审计目标编制各种审计模型，进行指标计算、图表分析、风险评估等一系列复杂的高层次分析。

在现场审计时，内部审计人员可以通过使用一般通用软件，如 Excel、Access 等，方便地制作各种表格，计算有关数据，对多个专题内容分别进行筛选分析，也可以根据分析者的要求，对一些分析项目的数据进行整理加工，生成多种特定内容的新表，为进行多角度、深层次的分析提供方便。

3.2.4 分析性审计程序在内部审计各阶段的应用

（1）审前准备阶段。在审前准备阶段，使用分析性程序的主要目的是使内部审计人员对被审计单位的经营情况获得更好的了解，确认资料间异常的关系和意外的波动，找出潜在的风险领域，以确定被审计单位的重要会计问题和重点审计领域，制订出具有针对性的审计计划，使得在接下来的现场审计过程中更有效率和效果。内部审计人员在这一阶段执行分析性程序时，通常需要实施图3-4所示的步骤。

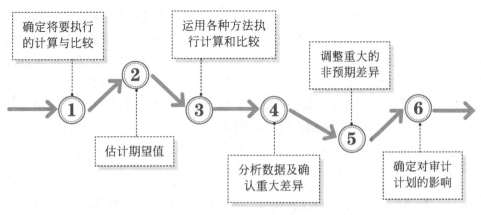

图3-4 执行分析性程序的步骤

通过调集审计对象的业务数据，编制各种业务数据模型，综合运用各种分析方法，对被审计单位进行连续、全面、逐层、深入的分析，对被审计单位存在的问题、疑点和异常的相关客户、账户和交易进行定位，为现场审计提供翔实的线索，为制订审计计划提供支持。

（2）在现场审计的取证阶段。分析性程序可作为一种实质性测试方法，收集与账户余额及各类交易相关的数据作为认定的证据。在测试分析过程中出现意外差异时，可先询问被审计机构的管理层获得其解释和答复，再实施必要的审计程序，确认管理层解释和答复的合理性和可靠性。如果管理层没有作出恰当的解释，则应扩大审计测试，执行其他审计程序，做进一步的审查，查出造成差异的原因，以便得出结论。

> **特别提示**
>
> 在测试阶段，分析性审计程序提供的证据多数只是一些佐证证据，其证明力相对较弱，必须与其他证据结合才能证实对某一事项的具体认定，但这并不影响内部审计人员利用这一程序，因为使用分析性审计程序可节省人力和时间。

（3）在现场审计取证结束时。运用分析性程序可对所有审计问题做最后的综合分析。由各专业审计小组或项目主审对内部审计人员发现的问题进行比较分析，对审计发现的问题与通过访谈、实地观察了解和审计工作底稿进行综合分析，如果发现相关信息的关系不合理，则要进一步了解情况，必要时考虑追加审计程序。

（4）在撰写审计报告时。运用分析性程序可通过对各项指标与审计发现的问题的比较分析，对各专业小组分报告评价的比较分析，提高审计总体评价的准确性。

在审计的各阶段执行分析性审计程序，内部审计人员要考虑到，由于执行该方法所获得的审计证据主要为间接证据，内部审计人员不能仅依赖分析性程序结果得出审计结论，应充分考虑分析性程序的结果和审计目标的重要性，相关内部控制的健全性和有效性，用于分析性程序的财务资料和相关资料的可获得性、相关性、可比性、可靠性等方面的因素。必要时还应考虑使用与其他证据相互印证，在综合分析和评价的基础上得出审计结论。

> **特别提示**
>
> 内部审计人员对通过比较和分析各项指标所发现的异常情况，应引起充分关注，从而有针对性地采取更详细的审计程序来审查重点领域。

3.3 审计测试

审计测试是内部审计人员为达到审计目的，采用一定的方法对被审计项目的部分内容进行试验，以获取审计证据，据以判断被审计项目是否可以接受的一种审计程序。

3.3.1 符合性测试

符合性测试是指内部审计人员在对被审计单位内部控制进行初评的基础上，为证实该控制是否在实际工作中得以贯彻执行，贯彻执行的实际效果是否符合设立该控制的初衷而进行的测试活动。

符合性测试通常采用的方法如图3-5所示。

观察法	内部审计人员到工作现场观察工作人员处理业务的情况，了解业务处理过程是否遵守了内部控制制度的要求。例如，内部审计人员可以观察仓库的材料收发情况，确定其是否与规定的收、发料程序相一致；到财务部门观察其报销手续是否与规定相符等
实验法	内部审计人员选择有关业务进行分析，重新实施，以判断有关业务人员是否遵循了内部控制制度。例如，内部审计人员要求重复执行有关发货手续，仓库管理部门有关业务人员是否遵循有关清点、计量、记账等发货程序，各项审核、检查工作是否确实执行，对不合理、不合法的发货、领货行为是否进行了必要的把关
检查证据法	内部审计人员检查与业务有关的凭证和其他文件，沿着这些文件和凭证所留下的业务处理的踪迹进行检查，从而判断业务处理是否符合内部控制制度的要求。例如，业务发生后，按规定要求有关经办人员、审核人和批准人在凭证上签字，内部审计人员就着力检查凭证上有无签字，若发现多张凭证上无签字，则可以认为该项内部控制未予执行

图3-5 符合性测试通常采用的方法

3.3.2 实质性测试

实质性测试是指为审查直接影响财务报表金额正确性的错误或不合法金额所设计的一种审计程序。其目的是取得有关会计事项和账户余额的会计处理,以及寓于其中的有关舞弊和差错的会计处理是否妥当的证据。实质性测试包括交易实质性测试、分析性测试和余额详细测试三种。

(1) 交易实质性测试。交易实质性测试是指为判断被审计单位的会计交易在日记账中是否被正确记录和汇总,是否正确过入明细账和总账而设计的一种审计程序。例如,内部审计人员执行交易实质性测试可以检查已记录的交易是否存在和已发生的交易是否被记录,也可以通过该测试确定销货交易的记录是否正确、是否记入恰当的期间、分类是否正确、汇总是否正确和是否过入正确的账户。如果内部审计人员确信交易在日记账中已做正确记录并正确过账,那么他就能确信总账的合计数是正确的。在实际工作中,符合性(控制)测试可以与所有其他测试分开进行,但为提高效率,常常与交易实质性测试同时进行。

(2) 分析性测试。分析性测试是指通过对财务数据和非财务数据之间可能存在的合理关系的研究而形成财务信息评价的一种审计程序。分析性测试的运用实际上是将账面金额同内部审计人员确定的期望值的比较过程。分析性测试的目的如下。

① 了解被审计单位的行业或业务。
② 评价企业继续经营的能力。
③ 显示财务报表中可能存在的错报。
④ 减少余额详细测试。

后两个目的有助于内部审计人员确定其他测试的范围。如果分析性测试表明可能有错误,那么内部审计人员需要进行更广泛的调查;如果通过分析性测试没有发现重大差异或没有差异,则其他测试就可减少。

(3) 余额详细测试。余额详细测试是指为检查账户期末余额的正确性而设计的一种审计程序,如直接向顾客函证应收账款,对存货做实物检查,审查供货单位的对账单以检查应付账款等,都是余额详细测试。在审计过程中,期末余额测试至关重要,因为这种测试所收集的证据大多来自独立于被审计单位的单位和个人,通常被认为是质量较高的证据。

3.4 编制审计工作底稿

审计工作底稿是指内部审计人员在审计过程中形成的审计工作记录和获取的资料。

3.4.1 审计工作底稿编制的目的

内部审计人员在审计工作中应当编制审计工作底稿,以达到下列目的。
(1)为编制审计报告提供依据。
(2)证明审计目标的实现程度。
(3)为检查和评价内部审计工作质量提供依据。
(4)证明内部审计机构和内部审计人员是否遵循内部审计准则。
(5)为以后的审计工作提供参考。

3.4.2 审计工作底稿的分类

审计工作底稿一般分为综合类工作底稿、业务类工作底稿和备查类工作底稿,如图3-6所示。

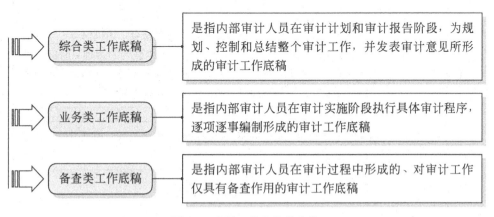

图3-6　审计工作底稿的分类

3.4.3 审计工作底稿的主要要素

审计工作底稿的主要要素有以下内容。
（1）被审计单位名称。
（2）审计项目或审计事项名称。
（3）审计项目或审计事项反映的时点或期间。
（4）编制者的姓名及编制日期。
（5）复核者的姓名及复核日期。
（6）索引号及页次。
（7）审计过程记录。
（8）审计评价及/或审计结论。
（9）其他应说明的事项。

3.4.4 审计工作底稿编制的要求

审计工作底稿编制的要求如图3-7所示。

要求一：编制审计工作底稿应当做到内容完整、真实，重点突出，如实反映被审计单位的财务收支情况，以及审计方案编制和实施的情况。审计工作底稿不得被擅自删减或修改

要求二：编制审计工作底稿应当做到观点明确、条理清楚、用词恰当、字迹清晰、格式规范、标识一致；审计工作底稿中载明的事项、时间、地点、当事人、数据、计量、计算方法和因果关系必须准确无误、前后一致；相关的证明材料如有矛盾，应当予以鉴别和说明

要求三：相关的审计工作底稿之间应当具有清晰的钩稽关系，相互引用时应交叉注明索引编号

图3-7 审计工作底稿编制的要求

第4章

审计报告与后续工作

4.1 编制审计报告

4.2 审计复核

4.3 后续审计——跟进审计决定的执行情况

4.4 建立审计档案

4.1 编制审计报告

内审工作结束后,审计项目负责人应及时编制正式的审计报告。正式的审计报告应当在意见交换稿的基础上根据与被审计单位沟通的结果正式编制完成。

4.1.1 审计复核与监督

审计项目负责人应对内部审计人员的审计工作底稿及收集的相关证明资料进行详细的复核,并对内部审计人员实施的相关审计程序进行适当的监督和管理。

4.1.2 整理审计工作底稿及相关资料,编写意见交换稿

(1)内部审计人员应对编制的审计工作底稿及收集的相关文件、报表、记录等证据资料及时整理、归类。内部审计人员应根据统一的标准对审计工作底稿及证据资料编制索引号,以便查阅。

(2)召开退出会议前,审计项目负责人应编写详细的意见交换稿,也可以编制审计报告初稿代替。意见交换稿应简要说明项目的审计目标、审计范围、实施的审计程序,并对具体的审计发现和初步的审计建议进行详细阐述。

4.1.3 与被审计单位交换意见

与被审计单位的沟通包括重大问题的沟通及退出会议上的意见交换。

(1)重大问题沟通。重大问题主要是指在审计过程中发现的正在进行的重大违规或对企业利益造成严重损害的问题。在这种情况下,需要被审计单位马上采取相关的措施。审计人员应根据具体情况分析所发现问题的实质及影响,确定沟通的对象,并报集团总裁批准。

(2)召开退出会议。内审工作结束前,内部审计人员应与被审计单位负责人及相关责任人召开退出会议,就意见交换稿上的相关问题听取被审计单位的解释与意见,并详细记录。双方应在意见交换书上签名确认。对在有关问题上的不同

意见，可由被审计单位进行书面陈述并将其交与内部审计人员，与内部审计人员的审计发现与建议一并归档，以便今后查阅、分析。

4.1.4 编制正式的审计报告

审计报告是指审计部对审计事项实施了必要的审计程序后，就审计工作情况和审计结果向企业董事会或主管领导或被审计单位提出的具有内部约束力的正式书面文件。

（1）审计报告的基本要素。审计报告应当包括下列基本要素。

- 报告字号。
- 标题，即"审计报告"。
- 主送部门，即企业董事会/副总经理、运营总监办公会议/副总经理、运营总监/副总经理、运营总监等。
- 审计报告的内容。
- 审计部主管签名。
- 审计部印章。
- 报告日期。
- 抄送部门等。

（2）审计报告正文的内容。审计报告正文的内容应根据审计目标和被审计单位的具体情况撰写。不同的审计目标、审计种类和不同被审计单位的具体情况，审计报告的内容不尽相同，通常包括以下几个方面。

- 审计的范围、内容、方式、时间。
- 会计责任与审计责任。
- 审计依据，即企业的《内部审计办法》和与审计范围、内容相关的各种管理制度。
- 已实施的主要审计程序。
- 被审计单位的基本情况或基本评价。
- 存在的问题，详细列出在审计过程中发现的问题，揭示违反企业规定的财务收支或经营活动情况，分析这些问题造成的影响及危害等。

● 审计意见，对已审计的财务收支或经营活动及相关资料的概括表述，结合审计方案确定的重点及审计中发现的重大问题，围绕财务收支和经营活动的真实性、合法性、合规性、效益性以及被审计单位应负的经济责任等作出评价性意见。

● 审计处理建议，对违反企业规定的财务收支行为或经营活动进行定性，提出处理、处罚建议及其依据等。

● 改进建议，对经营管理、财务管理、资产管理等的薄弱环节提出改进措施等。

● 审计附件，如原始记录、调查记录等在审计中发现的有关重大证据，如属必要，则作为审计报告的附件。

（3）审计报告撰写的步骤。内部审计人员撰写审计报告的过程主要分为以下几个步骤（如图4-1所示）。

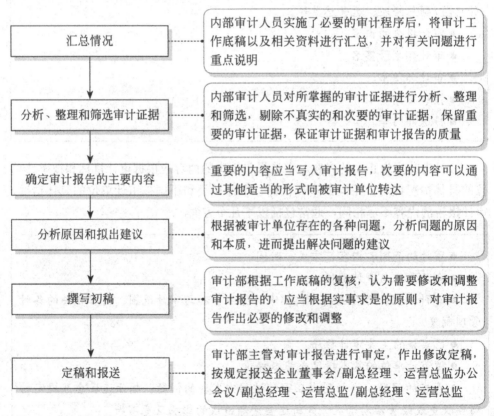

图4-1　审计报告撰写的步骤

4.1.5 审核并报送审计报告

审计部门负责人应对审计报告及相关的审计资料进行详细审核,确认后正式报送给企业董事会及审计委员会,并对审计结果进行简要的口头汇报。审计部门也应将经批准的审计报告送与被审计单位并确认其已收到。

 实战范本 ▶▶▶

内部控制审计报告

××有限责任公司董事会:

集团监察审计部根据核准的××年度审计计划,于××年×月×日至×日对××有限责任公司实施了内部控制审计。本次审计的主要目的是检查和评价采购及付款、销售及收款、存货管理及成本核算等业务流程相关制度的有效性和日常执行的遵循性。我们审阅了相关制度,与相关采购、销售、仓储、财务等部门人员进行了面谈,并抽查了相关业务的处理文件。现将审计过程中的情况报告如下。

一、财务收支管理

公司财务核算总体比较规范,能够按《企业会计制度》执行,公司财务部制定了财务管理条例使之成为日常财务管理、核算的标准。现主要突出的问题是财务总监如何直接参与企业业务管理,特别是对重大的资本性支出、费用性支出加强事前审核和监督。

本次审计,我们抽查了公司部分收付款凭证。发现公司在部分收付款作业中相关业务单证及审批手续并不完备,特别是财务总监没有在重要财务收支上履行审批责任。举例如下:

(1) 编号03426的付款凭证上没有财务总监的签名。

(2) ……

审计建议:

公司虽然制定了完备的财务部管理文件,对财务部的日常工作都编制了相应的规章制度,但没有对各种支出的审批程序、审批权限作出清晰的规定。任何一项财务收支均应由内部填制单证,并经授权程序批准,包括提现、资金划拨等业务。公司应设计相关单证及授权审批程序。

二、采购及付款

公司采购有较为完备的采购作业管理标准。对供应商质量审计、采购物资入库时的质量检查及验收、付款审批等环节的实务操作有适当控制;公司采购部及相关岗位对采购管理和岗位职责较为熟悉。

在对采购环节进行审计时发现下列问题。

(1) 供应商相对集中,主要原料采购供应商选择,缺乏年度复查程序,供应商名录基本维持不变,新供应商开拓力度较弱。

审计建议:

① 我们建议公司宜实施一年一度的供应商复审制度,同时通过对供应商的供货质量、过去履约情况以及生产现场等方面进行年底系统复查,来选择有利于公司生产和成本较低的供应商。

② 密切关注供应商竞争环境及市场出现的新供应商,逐步开拓新的供应商……

③ 有些原料如需维持独家供应情形的……

(2) 采购价格缺乏系统且严格的询价、比价等价格核定程序,采购价格合理性缺乏足够的支持。

审计时,通过对主要原料本年和上年采购价格的收集与分析,本年我们发现公司主要原料采购价格较上年均有较大幅度的增长。如下表所示。

部分主要原料(不含税)进价对照表　　　　单位:元

品名	单位	本年进价	上年进价	同比增长/%

目前公司所有的采购工作都没有保存过询价、比价资料,经了解公司采购价格以采购人员询价为基础,价格变动不大由供应部负责人予以核定,变动较大的口头上报主管厂长和总经理核定后实施采购。由于这种做法缺乏系统且严格的询价、比价等价格核定程序和书面文件,我们担心采购价格合理

性是否能够得到保障。

审计建议：

① 对于固定供应商，我们建议公司应制定价格审核机制。该机制可根据采购料件的特点，采用定期独立询价、议价，收集公开市场成交价格等方式来控制价格。

② 采购部门应密切关注主要材料、物资市场供求、价格变动情况，进行趋势预测，提出最有利的采购时机和合理交易价格，为管理层采购决策提供支持。

③ 询价、比价资料是证明采购人员谨慎勤勉的直接资料，也是保证采购人员谨慎勤勉的重要控制手段，对于大宗物资采购，公司应该建立询价、比价制度，并制定统一的询价表和规范的比价记录规则，并要求采购人员留有询价、比价资料，为管理层决策提供必要的依据，也为未来采购提供参考。

（3）签订采购合同缺乏必要的核准程序。

我们抽查了公司当年与供应商签订的采购合同，在上述合同中，没有看到公司管理层同意订立合同的核准资料。

审计建议：

采购合同应经一定的核准程序。核准程序应有书面记录。我们建议公司设计合同会签单，按分层授权原则核准采购合同。所有合同的盖章生效，必须以签核完整的合同会签单为基础。

三、存货管理

公司已制定存货管理标准，对岗位设置、存货分类、出入库单据及流转、存货计量以及存货储存等控制环节已作明确说明，在日常操作中，原材料和产成品仓库由供应部负责管理，实际控制较好。主要不足之处如下所述。

（1）公司仓储部隶属于采购部，有违不相容岗位必须分开的原则。仓储部在公司管理体系中承担着检查核实供应商提供的物资在数量、外观、质量等方面是否符合核定的采购订单要求，以及评估供应商售后服务质量的职责。仓储部隶属于采购部，客观上会削弱对采购业务的监督。

审计建议：

按目前公司组织体系和生产规模，我们建议仓储部直接隶属于财务部。这样做，一方面可以解决岗位冲突问题；另一方面，可以更好地保证库存信息质量。

（2）公司存货中存在一定比例的残次冷背，并且没有计提足够的减值准备。经对存货库龄以及生产领用、销售出库等调查分析，截至审计基准日，公司材料中一年以上的冷背物料××万元，产成品中呆滞品××万元，二者占存货总成本的××%，公司未计提任何减值准备。

审计建议：

①加强市场开发和加大冷背存货的消化力度以减少资金占用，并计提相应减值准备。

②对存货减值损失应考核到相关责任人。

（3）公司存货管理方面的表单填写存在不规范的情况，对业务的完整记录产生不利影响。

审计建议：

①检查所有表单，对没有编号的进行重新设计，同时完善表单间的引用设计，并根据需要制定编号原则，编号一般以月度为单位连续编号为好，个别业务量较少的单据以年度为单位连续编号。

②规范入库单的填写，如按目前由采购人员填写入库单的方法，库管人员必须将实际点收数量填入入库单的实收数量栏内，或者改由库管人员按实际点收数量填写入库单，并由库管人员和采购人员共同签字确认。

四、销售及收款

（1）合同的审核表现为事后控制。公司授权业务员在购销合同上签字盖章，业务员将双方签字盖章的购销合同交财务部开票，开票前财务部信用审核员将对购销合同进行审核。如果审核未通过退回重批，则会使已签约的购销合同无法履行，可能造成违约，同时产生财务部和市场营销部之间的矛盾以及公司和客户之间的矛盾。

审计建议：

建议公司在合同签字盖章以前，各职能部门对合同进行事前审核，如对产品品种、质量、价格、交货期、信用额度、结算方式、外汇损益、运输方式、运保费承担、法律诉讼等内容进行逐一审核、把关，重大问题审核通过方可授权市场营销部签署合同。

（2）信用期和信用额度标准制定不合理。公司在购销合同上给予客户的信用期一般为90天、60天、30天、现款等，而信用期长短的标准是根据客户离公司地理位置的远近而定的，公司给予客户的信用额度统一为该年销售额的10%，信用期和信用额度的确定不科学，没有考虑客户的信誉度、还款能力、应收账款的大小等因素。

审计建议：

公司应充分考虑各种因素，对相关客户进行信用评定，确定可行的、差别化的客户信用期和信用额度。

（3）现金收款。

问题略。

审计建议：

严格执行银行的现金管理条例，减少现金交易，货款可通过银行结算方式直接汇入公司账户。

（4）应收账款的管理。

问题略。

审计建议略。

五、成本核算管理

略。

本次内控审计得到公司各部门相关人员的配合与协助，使审计工作得以顺利完成，特此致谢！

因限于重点，审计工作无法触及所有方面；审计方法以抽样为原则，因此在报告中未必揭示所有问题。

根据公司内部审计部门手册的规定：被审计单位及其相关责任人员，不因其业务经过审计而代替、减轻或解除其应有的管理责任。

附件：××公司主要内控流程图（略）。

××有限责任公司审计部
××年×月×日

4.2 审计复核

审计复核是指审计部主管在审计部审定审计报告和作出审计意见书、审计决定前，对审计工作底稿、审计报告、审计意见书或审计决定代拟稿进行审查，并提出意见的行为。

4.2.1 复核的事项

审计部主管应当对审计报告、审计意见书、审计决定的下列事项进行复核。
（1）与审计事项有关的事实是否清楚。
（2）收集的审计证据是否具有客观性、相关性、充分性和合法性。
（3）适用法律、法规、规章和具有普遍约束力的决定、命令等是否正确。
（4）审计评价意见是否恰当。
（5）定性、处理、处罚建议是否适当。
（6）审计程序是否符合规定。
（7）其他有关事项。

4.2.2 复核的程序

（1）内部审计人员提供资料。内部审计人员应当向审计部主管提交下列材料。

- 审计报告、审计意见书、审计决定草稿。
- 审计工作底稿及证明材料。
- 审计部主管要求提交的其他材料。

（2）审计部主管复核。审计部主管在复核过程中，发现审计工作底稿、审计报告、审计意见书、审计决定中的主要审计事项事实不清、证据不充分的，应当通知内部审计人员限期补正。

审计部主管对审计工作底稿、审计报告、审计意见书、审计决定复核后，分别提出以下复核意见。

- 审计程序符合规定，主要审计事项事实清楚，证明主要事实的证据确凿，定性意见准确，处理、处罚意见适当，适用法律、法规、规章和具有普遍约束力的决定、命令正确，审计评价和提出审计建议的意见恰当，内容完整、用词准确的，提出肯定性意见。
- 经过补正，主要事实仍然不清、证据仍不充分的，提出否定性意见。
- 定性、处理、处罚意见无法律依据的，提出否定性意见。
- 定性意见不准确，处理、处罚意见不恰当，审计评价和提出审计建议的意见不恰当，适用法律、法规、规章和具有普遍约束力的决定、命令错误，内容不完整、用词不准确的，提出修改意见。
- 审计程序不符合规定的，提出纠正意见和改进建议。

4.3 后续审计——跟进审计决定的执行情况

后续审计是指内部审计机构为跟踪检查被审计单位针对审计发现的问题所采取的纠正措施及其改进效果，而进行的审查和评价活动。

4.3.1 后续审计的一般原则

对审计中发现的问题采取纠正措施是被审计单位管理层的责任，而评价被审计单位管理层所采取的纠正措施是否及时、合理、有效是内部审计人员的责任。

（1）内部审计机构可以在规定期限内或与被审计单位约定的期限内实施后续审计。

（2）内部审计机构负责人可以适时安排后续审计工作，并将其列入年度审计计划。

（3）内部审计机构负责人如果初步认定被审计单位管理层对审计发现的问题已采取了有效的纠正措施，可以将后续审计作为下次审计工作的一部分。

（4）当被审计单位基于成本或者其他方面考虑，决定对审计发现的问题不采取纠正措施并作出书面承诺时，内部审计机构负责人应当向企业董事会或者最高管理层报告。

4.3.2 后续审计的程序

（1）后续审计安排。审计项目负责人应当编制后续审计方案，对后续审计作出安排。编制后续审计方案时应当考虑下列因素。

- 审计意见和审计建议的重要性。
- 纠正措施的复杂性。
- 落实纠正措施所需要的时间和成本。
- 纠正措施失败可能产生的影响。
- 被审计单位的业务安排和时间要求。

（2）后续审计实施。对于已采取纠正措施的事项，内部审计人员应当判断是否需要深入检查，必要时可以提出应在下次审计中予以关注。

（3）后续审计报告。内部审计人员应当根据后续审计的实施过程和结果编制后续审计报告。

4.4 建立审计档案

审计档案是指内部审计机构在各项审计活动中直接形成和取得的，具有保存价值的各种文字、图表及电子形态的信息等记录资料，以实物形态存在的实物证据。

内部审计机构办理的每一审计事项都必须按规定要求在审计结论和决定下达后的一个月内建立审计档案，并妥善保管，以备考查。

4.4.1 应归入审计档案的文件和材料

下列文件和材料应当归入审计档案。

（1）审计通知书、审计意见书、审计决定及部门、单位领导的审批意见，以及审计建议书和移送处理书等审计业务文书资料。

（2）审计报告、审计报告征求意见书、被审计单位的书面意见和审计组的书面说明，审定审计报告的记录、审计取证、审计工作底稿及相关资料。

（3）审计工作方案、审计意见书的落实回访情况，后续审计及审计决定执行情况的报告、领导批示和记录。

（4）与审计项目有关的群众来信和来访记录。

（5）有关审计项目的请示、报告和会议记录。

（6）其他按规定应归入审计档案的文件和材料。

4.4.2 审计卷宗内的文件和材料的排列

（1）审计卷宗内的文件和材料的排列。审计卷宗内的文件和材料按结论性文件材料、证明性文件材料、立项性文件材料、其他备查文件材料四个单元进行排列（如图4-2所示）。

第4章 审计报告与后续工作

顺序一 　结论性文件材料

采用逆审计程序并结合文件材料的重要程度进行排列
（1）向上级部门或企业领导报送的有关本项目的审计情况报告
（2）审计决定或审计意见书
（3）被审计单位对审计决定或审计意见书的执行情况
（4）有关审计处理的请示，审计事项的报告及上级部门或企业领导的批复、批示
（5）审计报告及审计部审定报告的会议纪要
（6）被审计单位或人员对审计报告的书面意见
（7）被审计单位或人员对审计决定的复审申请，对审计决定的申诉材料
（8）有关本项目的通报、处理意见
（9）移送处理意见书

顺序二 　证明性文件材料

按与审计方案所列审计事项或者会计报表科目对应的顺序排列
（1）审计证实问题汇总记录
（2）审计证实问题分项记录
（3）其他审计工作底稿及审计证据

顺序三 　立项性文件材料

按文件材料形成的时间顺序，并结合文件材料的重要程度进行排列
（1）上级部门或企业领导对项目审计任务的指示和部署意见
（2）与审计项目有关的群众来信、来访记录
（3）本项目的审计工作方案
（4）审计通知书

图 4-2

顺序四 其他备查文件材料

按文件材料形成的时间顺序，并结合文件材料的重要程度进行排列
(1) 上级部门及企业领导对审计工作的指示、讲话、批复及有关规定、办法、通知及文件
(2) 企业有关审计工作的规章制度、工作计划、工作总结、请示、报告等文件
(3) 在审计工作会议或审计学术交流会议上，本企业代表的发言稿及会议的主要文件
(4) 内部审计机构的机构改革、人事任免文件及岗位责任制
(5) 群众来信、来访记录
(6) 其他与审计有关的档案

图4-2　审计卷宗内的文件和材料的排列顺序

（2）每份或每组文件之间的排列规则。审计案卷内的每份或每组文件之间的排列规则如下。

① 正件在前，附件在后。

② 定稿在前，修改稿在后。

③ 批示在前，请示在后。

④ 重要文件在前，次要文件在后。

⑤ 汇总性文件在前，基础性文件在后。

第5章

业务经营绩效审计

5.1 销售业务绩效审计

5.2 生产绩效审计

5.3 采购业务绩效审计

5.4 仓储保管业务绩效审计

5.5 成本绩效审计

5.6 质量绩效审计

业务经营绩效审计是指审核、分析、评价被审计单位业务经营活动及利用生产力各要素的有效性、充分性，以进一步合理开发生产力，挖掘提高经济效益途径的经济监督、评价活动。

5.1 销售业务绩效审计

销售业务绩效审计主要包括对销售计划的审计、对销售人员管理风格的审计、对销售服务质量的审计、对产品宣传方式的审计、对销售利润完成情况的审计和对市场开发的审计。

5.1.1 对销售计划的审计

产品销售前期，企业进行市场需求调查，根据调查结果和以前记录的销售价格与销售量的变化趋势等资料预测产品销售量，确定销售价格，提出销售计划，以便生产部门根据销售计划安排生产。对销售计划的审计主要包括图5-1所示项目。

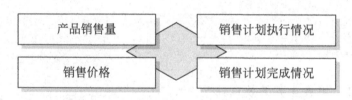

图5-1 对销售计划的审计项目

（1）对产品销售量的审计。审计销售计划中的各种产品销售量的制定依据是否可靠，预测销售量所用的资料和方法是否可靠和适当，审计企业生产的产品品种、质量、包装等因素是否符合市场需要，并根据市场调查的销售预测与每种计划销售量进行核对，看结果是否一致。

（2）对销售价格的审计。审计计划销售价格是否处于最佳水平，是否有利于产品扩大销售量、增加竞争力、提高销售收入；审查计划销售价格是否考虑产品在市场上因可能产生的价格波动而留有余地。

> **特别提示**
>
> 在审计计划销售价格和计划销售量时，可以通过市场调查的方法和统计的方法来确定价格与销售量的关系，也可以用量本利分析方法检查。

销售计划的制订内容应包括销售的全过程，不能仅仅孤立地立足于能获得多少销售收入，还要考虑获利多少的问题。一般以总利润达到最高为最优方案。

（3）对销售计划执行情况的审计。审计的内容有：销售计划是否分解落实到责任人；销售作业计划是否制订合理；销售价格、设计乃至产品由于市场的变化而变化的情况；竞争对手的产品和他们的最新发展信息，企业是否能及时获得反馈；决策部门能否根据反馈信息正确地作出消除偏差的决策；执行人能否认真采取相应的纠偏措施。

（4）对销售计划完成情况的审计。将销售收入的实际总金额与销售计划进行比较，计算销售计划完成的百分数。运用因素分析法检查影响销售计划完成的原因，内部审计人员可以从产品销售数量和单位售价两个因素考虑，它们的变动对销售收入影响的计算公式分别为：

销售量变动的影响 $=\sum[$（实际销售数量－计划销售数量）$\times$ 计划单位售价$]$

单位售价变动的影响 $=\sum[$（实际单位售价－计划单位售价）$\times$ 实际销售数量$]$

5.1.2 对销售人员管理风格的审计

当审计工作与效益联系起来时，内部审计人员还应注意销售部门的管理风格，不能把无理、蛮横的态度作为销售人员成功的秘诀；销售人员应深思熟虑后才去进行某项工作；健全奖惩制度，如果销售人员不能获得较好的工作成果，则企业应考虑与其解除劳动关系；鼓励销售人员通过与客户的联系而进一步扩大销售业务，如果成绩突出，则企业应予以嘉奖，嘉奖的方式可以是经济上的，也可以是权利上的；为了更好地工作，销售人员还应掌握其所服务行业的相关知识。

实施内部审计可以帮助企业发现在执行上述工作中存在的缺陷，以进一步改进销售工作，从而提高经济效益。

5.1.3 对销售服务质量的审计

销售服务表现在通过对客户的调查以获得他们对企业产品是否满意的情况，并研究客户对产品的意见主要出自哪些方面。内部审计人员应主要审计销售人员向客户提供的产品介绍资料是否恰如其分，所介绍的产品性能和质量是否真实可靠；分析在产品销售过程中销售人员向客户提供的各种方便和服务项目，如送货上门、代办运输、安装调试和指导操作及交货时间、地点是否尽量满足客户的要求；产品销售后，销售人员是否与客户保持联系，随时关心客户的使用情况，并能及时提供维修服务。内部审计人员还应当注意分析意见的实质背景，以获得新的信息。

由于销售服务关系到企业信誉，是扩大产品销路的重要方面，这项工作必须由可靠的人员来担当。

5.1.4 对产品宣传方式的审计

宣传是销售流程中的重要环节，企业应引起重视。企业利用电视、广告等媒介，以及参加展销会、订货会、促销活动和开展公共关系活动等，确保生产和销售工作顺利进行。

内部审计人员可以通过与公共关系的接触获得一些客观评价，比较采用某种宣传方式前后的实际销售数量的变化，以此来评估企业的宣传效果。如果企业未能掌握较好的宣传方式，那么内部审计人员应该通过内部审计揭示出来。

5.1.5 对销售利润完成情况的审计

销售利润是企业利润的主要组成部分，是反映销售经济效益的重要指标。销售利润又是一个综合性指标，它受诸多因素的影响。审计时，内部审计人员可计算当年利润与上一年相比的增长率，以便确定销售利润计划的完成情况，然后审计影响利润增减变动的原因，从而恰当评价企业的销售经营效益。影响销售利润变化的原因有销售数量变动、销售品种结构变动、销售单价变动、产品成本变动、期间费用变动、税率变动等。

5.1.6 对市场开发的审计

对市场开发的审计是指对企业发展和开辟新的市场或扩大现有市场过程的合理性、有效性、可行性进行的审计，主要是对被审计单位市场研究分析的全面性、准确性，市场目标确定的科学性、可行性，市场开发策略的有效性、经济性进行审计。

（1）市场研究的审计。市场研究就是对市场环境及潜力的分析，是市场开发的基础和前提。只有进行充分的市场研究，了解市场需求，掌握竞争对手的实力，才能知己知彼，制订出可行的市场开发计划，发挥产品优势，占领市场。

内部审计人员主要应了解被审计单位的市场研究是否建立在科学的基础上，是否进行充分的市场调查，是否掌握市场并准确预测市场。市场研究的审计内容如图5-2所示。

内容一：企业对市场是否了解，企业对市场的了解包括所有影响市场的因素，即：政策因素、经济因素、文化因素、道德因素、心理因素等

内容二：企业是否及时研究了市场开发对策，寻找适合市场开发的有利环境和措施，包括产品适合消费地的习惯，符合当地政策的要求（如符合环保要求）等

内容三：企业是否根据市场要求来改进产品的功能、价格、外形、售后服务等

内容四：企业是否制定了市场开发策略，伺机进入市场，在市场中站稳脚跟

图5-2 市场研究的审计内容

（2）目标市场选择的审计。目标市场选择的科学性、可行性审计，主要应审计企业确立目标市场是否有充分的依据；目标市场的确立是否与企业年度销售计划相衔接，是否正确处理现有市场和目标市场的关系。具体内容如图5-3所示。

内容一：审计企业确立目标市场的依据，包括对市场潜在需求的预测，市场容量、竞争对手的实力及其可能采用的对策等；通过对大量数据的调查和分析，确定可靠性

内容二：审计目标市场开发所带来的后果，市场供应是否会与企业销售计划、生产计划相脱节，包括产品数量、产品功能、产品质量，以及特殊性能的要求等，只有全面吻合，才能实现市场需求满足消费

内容三：审计目标市场的开发与现有市场的关系，研究其对现有市场的影响作用及其可能产生的各种后果，并分析利弊，保证企业总体效益目标的实现

图5-3 目标市场选择的审计内容

（3）目标市场开发的审计。目标市场开发的审计主要是审计其开发策略及执行情况。具体内容如图5-4所示。

图5-4 目标市场开发的审计内容

内容一：审计开发策略的制定是否适应企业外部环境、企业经营目标及企业内部条件之间的动态平衡，是否适合现阶段市场的特点，是否具有科学性和可行性

内容二：审计市场开发策略的执行情况，如执行进度、执行效果等；如有偏差，应进一步分析原因，并及时调整市场开发计划或寻找更有效的执行市场开发策略的措施和方法

5.2 生产绩效审计

生产绩效审计主要包括生产计划制订的审计、生产组织与生产工艺流程的审计、生产计划完成情况的审计和生产均衡性的审计。

5.2.1 生产计划制订的审计

如果没有对整个生产进行计划，那么生产就不能顺利进行。审计内容包括以下方面。

（1）计划的生产数量是否与市场的预测情况相符。

（2）从接到生产命令开始，是否有合适的工具与设备配置等。

（3）计划的生产数量与成本能否实现企业的目标利润，审计时可以采用量本利分析。

（4）能否灵活应对市场的变化而调整生产节奏。

（5）生产计划是否优先保证客户合同的履行，能否满足个别客户的特殊要求。

内部审计人员可以采用线性规划分析生产计划是否与企业的经济资源、生产能力相平衡。

5.2.2 生产组织的审计

生产组织是将各种生产资源和劳动力在时间和空间上合理安排生产的管理活动。

(1) 审计时，内部审计人员应以生产作业计划及其执行情况为依据，着重审计专业化水平的高低，如能否缩短更换工序的准备、调整时间，生产各阶段、各工序之间的流动在时间上是否连续。

(2) 审计各生产环节协调性的高低，如能否保持生产过程的协调比例，生产组织能否适应市场的变化，灵活地进行多品种、小批量的生产。

5.2.3 生产工艺流程的审计

(1) 对生产工艺流程的审计应主要分析企业所选择的工艺方案能否适应生产类型及生产作业布局，适应其配套的设备、原料、技术与管理水平等条件。

(2) 所选择的工艺是否能既经济又满足生产需要。

(3) 工艺方案是否得到认真执行，不适应的工艺制度是否及时修改。

(4) 尤其应对关键的工艺制度进行审计。

5.2.4 生产计划完成情况的审计

对生产计划完成情况的审计主要是考核企业生产计划完成情况，具体从产品产量、品种、质量等方面来进行。

(1) 产品产量。衡量企业产品产量可用三种不同的尺度来表示：实物量、劳动量和价值量。审计时要注意反映各个指标的完成情况，不能片面地反映个别指标。

(2) 产品品种。衡量产品品种计划完成程度，可用以下计算公式表示。

$$品种计划完成程度 = \frac{各品种完成计划产量百分比之和（超额部分不计）}{百分比之和（超额部分不计）}$$

用上述指标来审计和评价，可防止企业利大多生产、利小不生产等片面追求利润的现象，有利于企业全面完成产品生产任务。

(3) 产品质量。产品质量审计，主要是对产品质量的计划完成情况、产品质量效益和产品质量管理工作进行审计。

① 反映产品质量计划完成情况的指标有产品合格率、废品率、返修率、产品等级率、平均等级以及等级系数等。其中，最主要的是产品合格率。其计算公式如下。

$$产品合格率 = \frac{合格产品产量}{全部产品产量} \times 100\%$$

② 产品质量效益审计，是对改善产品质量而发生的费用与由此而产生的经济效益的比值进行评价。若该比值大于1，则说明有效益；若该比值小于1，则说明无效益。

③ 产品质量管理工作的审计，包括产品质量检验和质量保证系统的审计。前者主要是针对企业日常质量控制而进行的，如是否订立产品质量标准、质量检验部门的职权是否有效发挥作用等；后者主要从产品的设计、生产、技术服务等过程来审计其质量保证程度。

5.2.5 生产均衡性的审计

企业要保证市场的供应，应均衡地安排生产。内部审计人员应审计生产的均衡性并发现影响均衡生产的各种原因，及时寻求对策，解决问题，以保证企业的生产可以满足市场的需求。

5.3 采购业务绩效审计

采购业务绩效审计主要包括采购计划及其完成情况的审计、采购批量的审计和采购成本绩效的审计。

5.3.1 采购计划及其完成情况的审计

（1）采购计划的编制。内部审计人员应审计采购计划的制订是否按照生产计划、产品质量及工艺技术所规定的品种和质量的要求来编制，其品种、质量和数量是否与需要相一致，计划采购量是否合理。审计时可用以下计算公式来验证。

$$某种物资计划采购量 = 该物资计划需要量 + 期末库存量 - 期初库存量$$

（2）采购计划的完成。审计采购计划的完成情况，内部审计人员应分别从其数量和质量上考核采购计划的完成程度。考核时应注意，采购计划的完成程度并非越高越好，因为这可能会导致采购的不经济，以及大量资金的占用，从而降低企业的经济效益。

5.3.2 采购批量的审计

采购批量是否符合物资供应管理的需要，同时做到经济合理，内部审计人员应从两个角度进行审计：一是采购方式及费用审计；二是采购批量的经常性、合理性审计。

（1）采购方式及费用审计。不同的采购方式，如合同订购、市场购买、网络订购等，适用于不同数量和要求的物资供应，其采购费用也不一样。审计时，内部审计人员应将各种可能的采购方式进行比较，分析其成本绩效及可行性，确定最佳的采购方式，并以此作为标准来衡量企业所选择的采购方式是否合适，费用是否最低，在时间上是否能保证供应，质量上是否符合要求。

（2）采购批量的经常性、合理性审计。采购批量的合理与否，直接影响供应业务的经济效益好坏。一般情况下，采购次数越多，全年的采购费用也就越高；而减少采购次数，则仓储量便会上升，库存物资的周转会变慢，保管费用也会增加。因此，企业应按全年采购费用和仓储保管费用最低来设计采购批量。经济批量的计算公式如下。

$$Q = \sqrt{\frac{2Na}{Pb}}$$

式中，Q 为最佳经济批量；N 为物资年需要量；a 为每次采购费用率；b 为保管费用率；P 为单价。

内部审计人员应运用上述计算公式来验证企业物资采购的批量经济性和合理性，并以此作为审计评价标准，来衡量企业的物资采购工作。

5.3.3 采购成本绩效的审计

采购成本绩效的审计包括采购成本完成情况审计和采购费用率审计两方面的内容。

（1）采购成本完成情况。采购成本完成情况审计，可以将实际采购成本与计划成本进行比较，以确定其材料成本差异数额及方向，然后作出评价。

（2）采购费用率审计。采购费用率的计算公式如下。

$$采购费用率 = \frac{本期采购费用总额}{本期物资采购总量} \times 100\%$$

采购费用率反映单位物资供应所需的采购费用，该指标因采购不同物资而异。内部审计人员应将实际指标与计划指标、行业平均水平进行比较，以便作出正确评价。

5.4 仓储保管业务绩效审计

仓储保管业务绩效审计主要包括物资储备定额合理性的审计、物资储备计划完成情况的审计和仓储保管的设置与管理的审计。

5.4.1 物资储备定额合理性的审计

物资储备定额是指在一定的管理条件下，为保证生产顺利进行所必需的、经济合理的物资储备数量的标准。内部审计人员通过审计，评价仓储保管的数量是否合理，制定的最高储备、经常储备、保险储备和季节储备定额是否合理、经济，能否既保证生产的需要，又能压缩储备量，节约成本支出。

（1）最高储备定额的审计。制定最高储备定额的方法主要有两种：供应期法和经济批量法。

① 供应期法，即根据供应间隔的长短和每日平均耗用量，并考虑物资使用前的准备日数和保险日数来制定储备定额。其计算公式为：

$$\text{某种材料最高储备定额} = \text{该材料每天平均耗用量} \times (\text{供应间隔天数} + \text{使用前准备天数} + \text{保险天数})$$

其中，"该材料每天平均耗用量×保险天数"为保险储备，"该材料每天平均耗用量×（供应间隔天数+使用前准备天数）"为经常储备。它们之间的关系为：

$$\text{最高储备定额} = \text{保险储备定额} + \text{经常储备定额}$$

内部审计人员通过审计各项定额的制定情况，来评价企业物资储备的合理性与效益性。

② 经济批量法，即以经济批量作为企业的经常储备。它充分考虑了储备的经济性，是一种比较理想的方法。其计算公式为：

$$\text{最高储备定额} = \text{保险储备定额} + \text{经济批量}$$

（2）季节性储备定额的审计。季节性储备是在原材料属于季节性生产不能全年正常供应的情况下，为保证生产正常进行而必须建立的物资储备量。其计算公式为：

$$\text{季节性储备定额} = \text{季节性储备天数} \times \text{日均耗用量}$$

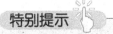

> 审计时，内部审计人员应注意季节性储备天数的计算依据是否充分，查明季节性储备定额与企业仓库场地和设施的保管是否吻合。

5.4.2 物资储备计划完成情况的审计

合理有效的储备定额，能为控制仓储量提供可靠的依据。一般情况下，仓储量应控制在最高储备与最低储备之间。超过了上限，即物资积压；低于下限，则不能保证供应。内部审计人员应分析影响储备变动的各个因素，如领料或订购的数量、时间等，并根据具体需要，及时调整定额或采取相应措施，控制定额仓储量。

5.4.3 仓储保管的设置与管理的审计

（1）仓库位置与内部空间布置的审计。一般来说，企业应根据仓储的性质，以及安全和管理的要求来布置仓库。仓库内部空间布置是否合理，直接影响仓库有效面积的利用程度和仓库作业效率。内部审计人员应审计仓库位置的设置是否有利于厂内物资流动的经济性、合理性。通过审计促使企业根据仓库的具体情况，进行科学的空间布置，提高仓库利用率。

（2）物资管理的审计。物资管理的审计步骤如图5-5所示。

步骤一：审计仓库面积利用率，是否保持了合理的比率，是否有利用的潜力。其计算公式为：

$$仓库面积利用率 = \frac{已利用面积}{仓库总面积} \times 100\%$$

步骤二：审计仓库存放保管工作，做好"十防"工作，减少不合理库存

步骤三：审计物资保管过程中账卡档案是否建立健全，是否及时掌握、了解库存情况；仓库与财会部门、采购部门是否定期进行对账，账卡是否相符

图5-5 物资管理的审计步骤

（3）物资分类保管的审计。对于库存物资的保管，企业应根据其重要程度、消耗数量、价值大小等区别对待，采用不同的管理方法。在实际工作中通常采用ABC分析方法，把库存物资分为ABC三类，并配以相应控制措施。

内部审计人员通过审计，确定物资分类是否适当，相应的物资管理方法是否正确，管理措施实施后效果是否良好，并根据评价结果，提出改进建议和措施。

5.5 成本绩效审计

成本绩效审计是以提高经济效益为目的，对成本预测的可靠性，成本决策和成本计划的先进性、可行性，成本计算的正确性和成本控制的有效性所进行的审计评价活动，其任务是根据成本核算资料和报表资料，运用适当的审计方法，对下列的成本管理活动及其效果加以审计评价。

5.5.1 成本绩效的事前审计

成本绩效的事前审计的重点是对成本决策绩效进行审计评价。

（1）目标成本的审计。目标成本的审计内容包括两个方面，如图5-6所示。

图5-6 目标成本的审计内容

（2）成本构成的审计。成本构成是成本中的各项目或各费用要素在成本中所占的比重，审计时的要点如图5-7所示。

注意不同行业产品成本的构成是不同的,同一行业的不同企业,由于生产技术和组织管理等方面存在的差异,成本构成也不尽相同	要点一 要点二	对上期的实际成本构成进行深入的分析,掌握本企业成本形成的特点,计划期的成本构成要明确降低成本的重点,抓住降低成本的关键

图5-7 成本构成的审计要点

5.5.2 成本绩效的事中审计

成本绩效的事中审计主要是对成本形成过程的控制工作的审计评价。成本控制工作的审计主要是对控制方法、控制手段、控制工作的有效性进行分析、评价和提出改善意见。

(1) 费用成本内部控制制度的审计。内部审计人员在开展成本绩效审计前,就应了解、调查有关内控制度的建立情况,到车间、仓库、设计、计划部门等现场进行观察和测试。费用成本内部控制制度中与成本绩效有关的有:生产计划、料工费消耗定额、生产费用预算、产品生产计划、计划成本指标向各生产部门进行分配实施并定期检查的制度、限额领料制度、剩余材料和边角料的退库制度、费用开支的审批报销制度等。对上述制度内容应拟定调查表(提纲)进行查询和符合性测试,评价其健全程度和可信程度。对于成本控制制度上的薄弱环节,应提出审计建议,促使制度的健全和有效。

(2) 成本计划编制情况的审计。对成本计划编制情况应着重审计以下内容。

① 是否与生产技术财务计划进行了综合平衡。
② 主要技术经济指标是否达到历史先进水平。
③ 主要产品单位计划措施是否按责任归口进行了层层落实。
④ 主要产品的变动成本是否经过价值分析。
⑤ 可比产品成本降低任务是否达到下达的指标。
⑥ 管理费用是否实行了预算控制。
⑦ 其他产品与新产品是否均有成本计划。

(3) 成本日常控制的审计评价。成本日常控制的审计评价包括两个方面,如表5-1所示。

表5-1 成本日常控制的审计评价

序号	项目	内容
1	成本费用归口分级管理	（1）在对成本控制进行审计时，首先应调查、了解财务部门是否建立科学、合理的收费系统 （2）该系统是否能全面覆盖企业费用、成本的发生范围 （3）该系统是否与被审计企业的生产经营特点、费用成本的形成过程以及成本管理上的具体要求相适应 （4）财务部门按各部门、各级分解费用成本指标是否合理，能否调动全体人员提高成本绩效的积极性
2	责任成本核算	（1）核算哪一级的责任成本？由于责任成本的核算要求与传统的（现行的）生产费用归集方法并不一致，会耗费一定的核算工作量，一般来说，责任成本核算主要应抓车间和班组这两级 （2）责任成本的核算是否贯彻可控的原则，即每一成本中心的责任成本只能由该成本中心所能控制的成本、费用构成，否则起不到成本控制的积极作用 （3）各责任中心之间的内部转移价格制定是否科学合理，一般应以计划成本作为半成品，各种劳务的内部转移价格，若以实际成本转移，则会转嫁功劳和过失，不利于各责任中心的业绩考核 （4）各责任中心业绩评价，是否与绩效（奖金）的分配挂钩，提高全体人员节约成本费用开支的积极性

5.5.3 成本绩效的事后审计

成本绩效的事后审计主要是对成本绩效的实现情况进行审计评价。对成本绩效实现情况的审计主要是分析产品成本升降原因，分析和评价产品成本降低计划指标的完成情况，并提出改进意见。

（1）成本计划完成情况的审计。企业的成本计划完成情况主要通过两个指标反映，即全部商品产品成本计划完成率和可比产品成本降低计划完成率。这两个指标是成本计划完成情况审计的重点。

①全部商品产品成本计划完成率。审计时，内部审计人员根据"商品产品成本表"所列资料计算。其计算公式为：

$$全部商品产品成本计划完成率 = \frac{\sum(计划期实际产量 \times 实际单位成本)}{\sum(计划期实际产量 \times 计划单位成本)} \times 100\%$$

② 可比产品成本降低计划完成率。审计时，内部审计人员可先根据"商品产品成本表"计算可比产品成本实际降低率，然后对比计划规定的降低率评价实际完成情况。其计算公式为：

可比产品成本降低额＝计划期实际产量×（上期实际单位成本－计划期实际单位成本）

$$可比产品成本实际降低率 = \frac{可比产品成本降低额}{实际产量 \times 上期实际单位成本} \times 100\%$$

$$可比产品成本降低计划完成率 = \frac{1-可比产品成本实际降低率}{1-可比产品成本计划降低率} \times 100\%$$

审计时应注意，这两类指标数值若大于100%，则说明成本降低任务没有完成；若这两类指标数值小于100%，则说明成本降低任务完成较好。

（2）成本经济效益实现程度的审计。成本经济效益的实现程度，可通过两个方面反映：一方面是费用效益，也就是各项活动和物化劳动的消耗与相应产出之比；另一方面是总成本效益，也就是总成本与相应的总收入、商品产值、销售利润之比。审计时，内部审计人员可通过下列指标的计算来评价。

① 费用效益指标的计算公式如下。

$$单位产品材料费用 = \frac{某产品应分配的材料费用}{某产品合格数量}$$

$$单位产品工资费用 = \frac{某产品定额工时（或实际工时）\times 工资分配率}{某产品合格数量}$$

$$工资分配率 = \frac{生产工人工资总额}{\sum 各种定额工时（或实际工时）}$$

② 总成本效益指标主要用于综合衡量生产过程中全部生产耗费的经济效果。

产值成本率是指一定时期内商品产品总成本和商品产值（按不变价格计算）之间的比率，一般用"百元商品产值成本"来表示。其计算公式为：

$$百元商品产值成本 = \frac{商品产品总成本}{商品产值} \times 100$$

销售收入成本率的计算公式为:

$$销售收入成本率 = \frac{销售总成本}{销售总收入} \times 100\%$$

③ 成本利润率的计算公式为:

$$成本利润率 = \frac{产品销售利润}{产品销售成本} \times 100\%$$

该指标可按不同产品品种分别计算,作为改善和优化产品品种结构的依据。审计时,内部审计人员应对主要产品的成本利润率进行深入细致的敏感性分析,内部审计人员可利用下列计算公式进行分析:

$$成本利润率 = \frac{销售量 \times [价格 \times (1-税率) - 单位成本]}{销售量 \times 单位成本} \times 100\%$$

由上述计算公式可知,成本利润率的影响因素主要有销售量、单位成本、价格、税率。如果是多种产品的综合成本利润率,那么成本利润率还要受销售结构的影响。一般来说,单位产品销售成本是敏感程度较强的因素,降低成本是提高成本利润的主要途径。

(3) 重点产品单位成本的审计。产品单位成本审计是成本绩效审计的重点内容。重点产品是指成本比重大,在成本计划完成中起关键性作用的产品。重点产品单位成本审计的目的在于按成本项目计算成本差异,确定差异异常的成本项目,分析差异的产生原因和部门、个人的工作责任,控制不正当的费用支出,促进成本绩效的提高。

① 材料成本差异的分析。材料用量差异一般属于生产部门的工作业绩或责任,它又可进一步分为材料出库差异、利用率差异和废损差异。材料用量差异的计算公式为:

$$材料用量差异 = 材料计划单位成本 \times (实际单耗 - 定额单耗)$$

材料价格差异一般属于采购部门的工作业绩或责任,它又可进一步分为材料成本差异,材料附加费用差异和材料入库差异。材料价格差异的计算公式为:

$$材料价格差异 = 材料实际单耗 \times (实际单位价格 - 计划单位价格)$$

② 工资成本差异的分析。工资成本差异的分析又分为三个部分,如图5-8所示。

计件工资下工资成本项目的审计	计件工资属于变动成本，其成本差异可分为用量差异和价格差异两部分。计件工资的计算公式为： 计件工资＝合格产品数量×计价单价 在多种产品生产的条件下，计件工资的计算公式为： 计件工资＝Σ（各产品产量×工时定额）×工时单价 单位产品工资成本＝单位产品耗用工时×工时单价 其中，工时单价即小时工资率。 由于实际工时耗用量脱离计划（定额）工时耗用量而引起的工资成本差异，称为工时耗用率差异或人工效率差异，它一般反映了劳动力的开发利用程度、劳动者的操作熟练程度，以及创造性、积极性的发挥等。工时耗用率差异的计算公式为： 工时耗用率差异＝（单位产品实耗工时－单位产品工时定额）×工时计划单价 由于实际工时单价脱离计划工作单价而引起的工资成本差异，称为工时单价差异或工资率差异。工资率差异一般反映工资总额水平的变动情况，受到工资增长因素影响，主要属于劳动工资部门和财务部门的责任范围。工资率差异的计算公式为： 工资率差异＝（实际工时单价－计划工时单价）×单位产品实耗工时
实行固定计时工资制下的工资成本的审计	在计时工资制度下，如果工资总额不变，那么单位产品的工资成本会受产量的变动影响，若产量上升，则单位产品工资成本下降；反之，则相反。这种随产量变动的差异，称为工资的相对变动。工资相对变动额的计算公式为： 工资相对变动额＝基期固定工资总额×报告期产量增长率 由于职工人数增加，结构变化或工资水平上升，工资总额支出数也相应增长，从而造成单位产品工资成本的变动。这种由于固定工资支出数变动而引起的工资单位成本的变动，称为工资的绝对变动。工资的绝对变动额和工资成本实际变动额的计算公式为： 工资的绝对变动额＝固定工资报告期支出额－固定工资基期支出数 工资成本实际变动额＝工资相对变动额＋工资绝对变动额 固定计时工资可分为相对变动和绝对变动两部分，其意义在于明确两种变动引起的原因和责任（业绩）的不同
管理费用成本差异的审计	管理费用中的一部分内容（明确项目）属于固定费用，可按前述绝对变动额的分析方法加以审计；另一部分内容则属于半变动费用或变动费用，可按前述计件工资的分析方法加以审计。因此，对这两个成本项目进行审计时，内部审计人员可先按管理费用账户的各明细科目划分为固定费用和变动费用两部分，然后按各自的方法进行分析审计。但在实际工作中，某产品应负担的管理费用一般用下列方法来分摊计算。 管理费用总额＝实耗工时数×费用分配率 某产品单位费用成本＝该产品实际工时单耗×费用计划分配率 管理费用差异可分为工时消耗量差异和费用分配率差异。它们的计算公式为： 工时消耗量差异＝（该产品实际工时单耗－该产品工时定额）×费用计划分配率 费用分配率差异＝该产品实际工时消耗×费用实际分配率－费用计划分配率 如前所述，工时消耗量差异反映劳动生产率水平，它受到劳动力的开发利用程度、劳动者的操作熟练程度，以及创造性、积极性的发挥等因素的影响；而费用分配率差异反映车间经费和企业管理费用的总支出水平的变动，涉及费用预算的执行情况

图5-8 工资成本差异的分析

5.6 质量绩效审计

质量绩效审计是企业绩效内部审计的重要环节，它是对质量实现程度及提高产品质量途径进行审计监督。

5.6.1 质量绩效审计的目的

通过质量绩效审计，可以达到以下目的。
（1）促使企业实行全面质量管理。
（2）可以完善企业的质量管理体系，即质量保证体系，使企业质量管理工作制度化、经常化。
（3）有利于企业健全质量管理的基础工作，如标准化工作、计量工作、情报工作、质量教育宣传工作、质量责任制度等。
（4）有利于提高社会的和企业的经济效益。

5.6.2 质量成本的构成

质量成本可分为四类，即预防成本、鉴定成本、内部失败成本和外部失败成本，如图5-9所示。

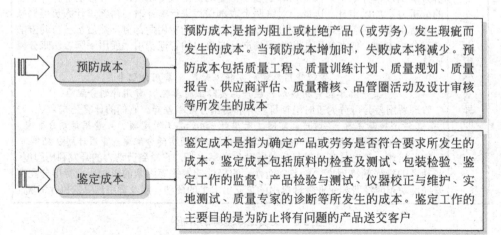

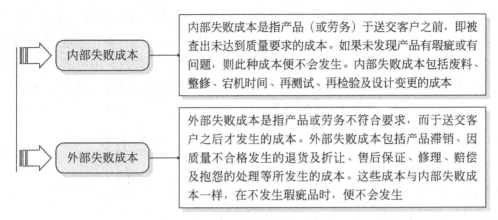

图 5-9　质量成本的构成

表 5-2 所示四种质量成本及每一种成本的释例。

表 5-2　质量成本的分类及释例

预防成本	鉴定成本
质量工程	原料检查及测试
质量训练计划	包装检验
质量规划	鉴定工作的监督
质量报告	产品检验与测试
供应商评估	仪器校正与维护
质量稽核	实地测试
设计审核	质量专家的诊断
品管圈活动	
内部失败成本	**外部失败成本**
废料	滞销
整修	退货及折让
宕机时间	售后保证
再测试	修理
再检验	赔偿
设计变更	抱怨的处理

5.6.3　质量绩效审计的方法——最佳质量成本法

质量成本法注重对质量成本的收集、核算与分析，并依此来评价质量管理体系的经济效果。如前所述，质量成本是指为了确保满意的质量而发生的费用以及没有达到满意的质量所造成的损失。质量成本若按内部运行可分为预防成本、鉴定成本、内部失败成本和外部失败成本。质量成本法按PAF（预防、鉴定、失败）成本模型来分析内部运行成本要素，寻求最佳质量成本，如图5-10所示。其中，C为质量成本，C_1为预防成本和鉴定成本，C_2为内外部失败成本，Q_m为应控制的合格率水平，C_m为适宜的质量成本水平。

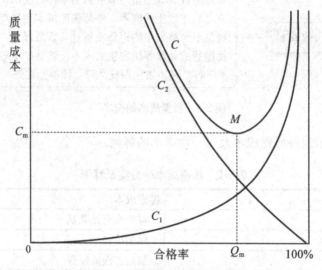

图5-10　质量成本特性曲线

根据以上关系，可列出质量成本数学模型：

$$C_m = C_1 + C_2 = R\frac{Q_m}{1-Q_m} + F\frac{1-Q_m}{Q_m}$$

式中，F为每件不合格产品造成的全部损失费用；R为随Q变化需要追加的预防成本。

当质量成本C_m达到最小时，有$C_1 = C_2$。

即

$$R\frac{Q_m}{1-Q_m} = F\frac{1-Q_m}{Q_m}$$

由此可解得

$$Q_m = \frac{1}{1+\sqrt{\dfrac{R}{F}}}$$

第 6 章

管理审计

6.1 计划职能的审计

6.2 组织职能的审计

6.3 领导职能的审计

6.4 控制职能的审计

6.5 管理部门的审计

管理审计主要是审计管理组织的合理性，管理机构是否健全，各项管理职能如决策、计划、组织、控制是否有效等。

6.1 计划职能的审计

计划是指从各个抉择方案中选取未来最适宜的行动方针。计划不仅是最基本的一项管理职能，还是实施其他管理职能的基础。

无论是企业整体，还是企业所属的各个部门，都有许多关于未来行动方针的可供抉择的方案，计划工作就是从中选取最适宜的方案，帮助企业及各部门选定目标并实现目标。计划职能的审计主要应从以下几方面进行。

6.1.1 计划制订的审计

1. 对计划制订原则的审计

要想充分发挥计划工作的功能，企业必须选择适当的设计原则。审计时，内部审计人员注意以下几方面的问题。

（1）是否选择了正确的设计程序。计划设计程序由两种不同的经营思想所决定：一是保守的生产导向，二是前进的营销导向。审计时，内部审计人员应注意被审计单位在选择设计程序时，究竟受哪种思想支配。

（2）是否重视中、长期计划的编制。审计时，内部审计人员应注意企业有无制订目标计划，有无制订中期计划和短期计划。

> **特别提示**
>
> 对计划体系审计时还应注意，各层次的计划是否能形成一套上下、远近相互关系的目标体系，是否形成了完整的层层关联的目标手段链，以利于进行目标控制。

（3）是否建立了整体的计划预算制度。只有充分认识到计划的多样性，才能编制出有效的计划，从而建立"策划、规划、预算"制度，以贯彻整体性、系统性和目标管理精神。审计时，内部审计人员既要查明整体计划的预算过程，又要查明整体计划的预算特征。

（4）是否加强授权管理。

（5）是否注重建立信息系统。

2.对计划制订步骤的审计

对计划制订步骤的审计内容如表6-1所示。

表6-1 对计划制订步骤的审计内容

序号	审计内容	审查要点
1	估量机会	估量机会，即为计划工作开始之前的准备工作，一是要查明对未来和自身适应能力的估计是否正确；二是要查明生产经营单位是否准确判断自身所处的地位及所期望的方向
2	确定目标	应查明为生产经营单位及其所属单位确定的预期成果目标、要做的工作以及工作重点是否正确，单位目标是否能为单位主要计划的制订指明方向
3	环境预测	应查明为计划实施所预测的政治、经济、社会等环境条件是否有根据，其可靠程度如何；应查明预测是否能为应变计划提供可抉择的前提条件
4	明确抉择方案	应查明对那些可供抉择的方案是否进行了认真的探索与考察；是否通过考察与近似计算的方法而选取一些最有成功希望的方案，以便进一步分析、选用
5	评价抉择方案	应查明是否根据目标需要和假设条件来权衡各种有利或不利的因素，并以此对各种方案进行客观评价
6	方案选定	应查明是否根据评价结果，选取一个或几个方案
7	拟订经营计划	应查明是否根据所选取的方案制订了有利于其贯彻执行的辅助计划或派生计划，如人力、设备、资金等方面的具体计划
8	编制预算	应查明是否根据决策和具体计划编制了综合预算和具体的费用预算，以利于各类计划的汇总和作为衡量计划工作进度的重要标准

6.1.2 目标的审计

目标是计划的重要内容之一。对管理者来说，最基本的职责应该是设计一个目标网，把个人、部门和企业的目标结合在一起，把总体目标和具体目标结合在一起。目标的审计内容包括以下几方面。

（1）查明企业计划工作中所规定的目标是否包括了总体目标和具体目标。

（2）总体目标是否能反映被审计单位的基本职能和任务以及期望和要求等。

（3）具体目标是否根据企业的总体目标、经营状况和经营环境设置，是否反映了企业经营活动要实现的结果，是否为企业各项组织工作、人员配备、领导工作和控制活动提供了明确的依据。

6.1.3 策略、政策和经营计划的审计

1. 策略的审计

策略或战略也属于计划的内容之一。审计时，内部审计人员应注意以下问题。

（1）策略是否反映企业的经营思想和行动方向，是否对制订政策和经营计划具有指导作用，是否是一种控制方法。

（2）策略是否能够根据企业的劣势与优势制定出消除外部威胁与抓住机会的对策。

（3）制定策略是否已成为企业最高管理部门的职责，策略是否对各级管理部门具有制约作用，策略是否具有一种长期观点。

2. 政策的审计

政策同样是一种计划，主要表现在计划中的文字说明，以此来沟通或指导决策工作中的思想和行动。审计时，内部审计人员应注意图6-1所示的内容。

内容一　政策范围是否包括制定政策、保证政策和目标的一致性及促成目标实现

内容二　政策是否有利于企业领导进行全局控制，是否能使不同的人对同样的问题选择相同的处理方法，是否能缩小决策范围、限定决策幅度

内容三　企业有无明确的政策和含蓄的政策；政策层次与机构层次是否相适应，如有无企业政策、部门政策和基层政策；政策是否与机构职能相关，如财务政策、营销政策等

内容四　政策是否是鼓励自由处置问题和进取精神的一种手段，政策是否具有一定的弹性、一贯性和完整性

图6-1　政策的审计内容

3.经营计划的审计

经营计划是一种近期的、具体的工作安排，以完成由策略计划确定的目标和政策。审计时，内部审计人员应注意以下几方面的问题。

（1）经营计划反映的内容是否完整、全面、得当。
（2）作为行动指导的经营计划的程序是否科学、规范。
（3）作为一种最简单的计划——规划是否起指导作用。
（4）作为确定某一预定期内收入和支出量的计划是否科学合理。

6.1.4 决策的审计

决策渗入全部管理职能和过程，从体现某种工作方针的各个抉择方案中进行选择，是计划工作的核心部分。只有制定了决策，才能说有了计划，制定决策是管理者的中心任务。

决策的审计主要是查明决策过程是否理智化。具体内容如表6-2所示。

表6-2　决策的审计内容

序号	审计项目	审计内容
1	诊断问题	（1）是否首先提出问题，并进行系统思维来确定问题 （2）在假设条件与获得事实阶段，是否获得了全部事实，是否掌握了关键事实
2	思考解决对策	在掌握事实的过程中，是否思考了几种解决问题的方案，是否考虑到各方案中的限定因素或战略因素
3	评价对策	是否既考虑到定量因素，又考虑到定性因素；是否进行了边际分析、费用效果分析；是否反复权衡了每一种方案对实现目标的贡献和实施费用等
4	确定解决问题的真正目的	是否明确要解决什么问题、实现什么目标，以及对所需要的方案有什么要求等
5	抉择	（1）考虑所选的方案与解决问题的目的是否相符 （2）是否仅凭经验制定决策，而不是把经验当成分析问题的基础 （3）是否进行了必要的实验，在观察了实验结果后，再进行最后确定 （4）是否进行了认真的研究分析，即对影响方案实施的关键变量、限定因素、前提条件等是否了解清楚；是否把方案分解成有待研究的组成部分和各种定量与不可定量的影响因素，认真加以推敲

6.2 组织职能的审计

组织职能主要是指进行组织设计,即对各个部门之间的工作进行协调与统一的设计。组织职能的审计主要应从以下几方面进行。

6.2.1 组织机构的审计

对企业的组织机构进行审计,一是要查明企业的组织机构属于哪种类型,二是要查明企业的组织机构是否有利于组织功能的发挥。

1.组织机构类型的审计

设置组织机构的核心问题是划分部门,无论划分部门有多少种方法,关键都要使部门划分后所构成的结构体系符合战略、战术和环境方面的特定条件。

无论被审计单位采用哪一种组织形式,内部审计人员主要应查明该企业的组织机构是否符合以下要求。

(1)是否能反映企业的目标和战略。

(2)是否适应企业的任务与技术的需要。

(3)是否能反映周围环境的需要。

(4)是否适合主管人员的职权范围及人员调配等。

2.组织机构有效性的审计

任何组织机构要想有效履行管理功能,就必须做到目标明确且固定,各级管理部门指挥灵活、信息畅通、联络方便、工作分配确定且清晰,便于发现和纠正偏差。审计时,内部审计人员应注意以下几个问题。

(1)各部门职能是否独立。

(2)业务经营职责是否分离。

(3)有无形成灵活的指挥体系。

(4)部门和个人职责范围是否明确。

(5)是否按等级层次进行授权管理。

(6)是否有利于信息传递。

> **特别提示**
>
> 审计时，内部审计人员应注意组织机构是否具有弹性，是否能适应经营目标和经营环境的变化；职能、责任和权利的分配有无重叠、冲突；职权分配是否过细而导致行动迟缓；是否因职务虚设、机构重叠而导致开支加大、效率低下等。

6.2.2 协调关系的审计

分工和协调是组织的两大职能，分工可以使组织内部活动专业化，而协调有利于部门上下左右密切配合。审计协调关系，主要是审计纵向协调、横向协调、参谋协调、职权协调的有效性。

6.2.3 职责规定的审计

各部门的职责是一个为达到共同目标分工办事的环节，由若干环节形成的工作链是大家共同维持并密切配合的工具。审计时，内部审计人员应注意以下两个问题。
（1）职责规定是否符合要求。
（2）职责规定是否符合一般程序。

6.2.4 人事管理的审计

人事管理不仅是人力资源部门的职责，还是企业主管人员的职责，企业主管人员所从事的计划、组织、领导控制等工作，事事都与人员相关，企业主管人员若不能有效督导对人员的挑选、使用、考核、培训等工作，那么整个企业将会变成一台腐朽的机器。人事管理的审计主要应注意以下几方面的问题。

1.人员配备与选择的审计

人员配备与选择的审计内容如表 6-3 所示。

表6-3 人员配备与选择的审计内容

序号	审计项目	审计内容
1	人员配备	（1）人员配备是否以计划为基础，组织计划是确定人员数量的关键 （2）人员配备是否考虑了任命率、年龄、健康状况等因素 （3）是否根据用人单位内部和外部人才资源状况对主管人员需要量进行分析 （4）是否根据外部环境和内部环境的影响因素进行招聘、选拔、安置和考核 （5）单位最高管理层的领导是否关心人员配备工作，有无过分干预的情况
2	人员选择	（1）是否客观分析了各职位的要求 （2）是否评价了各职位的重要程度 （3）对各职位所需人员应具备的素质是否明确 （4）是否采取了正确的选择方法 （5）是否对各种不同类型的应聘者进行区别判断，是否选择了具有灵敏性和自我达成驱动力的人

2.用人的审计

管理之道在于"借力"，即主管人员应借助下属的力量，完成企业的整体目标。用人的审计内容如下。

（1）各级领导者是否既会做事又会管人，是否能妥善处理各种人事工作。
（2）是否能人尽其才，使每个人适得其所。
（3）是否进行了人才培养，使其才干不断增进。

3.培训与开发的审计

培训与开发的审计内容如表6-4所示。

表6-4 培训与开发的审计内容

序号	审计项目	审计内容
1	培训工作	（1）最高级别领导是否积极支持培训工作 （2）培训工作是否有明确的要求，是否对培训对象加以选择，是否采取了适当的培训方法 （3）是否把目标管理、工作充实化和敏感性训练作为经常性的培训内容
2	开发工作	（1）组织开发工作是否以解决部门或单位所面临的具体管理问题为重点，如协调、沟通等 （2）是否采用了有效的实验、主管工作方法、调查反馈方法等 （3）是否创造了良好的安心敬业的组织气氛等 （4）在组织开发工作方面，是否重视人事教育工作和充分发挥人事管理职能，例如，健全人事组织，制定科学人事制度，加强教育培训工作和人事任用工作，加强医疗保健、职工福利及协调服务工作等

6.3 领导职能的审计

领导，既指个人领导又包括群体领导。领导功能的发挥，既与领导个人的品质、风格、才能相关，又与领导体制、分工、协调相关。领导职能的审计主要应从以下几方面进行。

6.3.1 领导素质与方法的审计

1. 领导素质与修养的审计

领导素质与修养的审计内容如下。
（1）有效领导的认识和行为。
（2）领导者的个人品质。
（3）领导者修养。
（4）领导群体。

2. 领导方式的审计

对领导方式进行审计，一是从运用职权方面来查明领导方式，二是从风格上来查明领导方式。主要应查明被审计单位的领导者所采用的领导方式是否有利于调动员工的主动性，是否有利于企业管理目标的实现。

3. 领导方法的审计

领导方法一般有压榨和权威式方法、开明和权威式方法、协商式方法、集体性参与式方法四种。现代企业管理一般采用最后一种方法，主管人员对下属充分信赖，并充满信心，经常征求和采纳下属的意见。领导方法的审计内容包括以下几点。

（1）能否帮助群体成员消除工作中的障碍，能否创造能激励群体成员潜在或明显能力的一种环境。
（2）能否帮助群体成员在实现企业目标的同时也能实现自己的目标。
（3）是否明确规定个人的职位和工作职责。
（4）能否帮助群体成员消除取得成就的障碍，谋求群体成员的协助，提高群体成员的团结协作精神。

（5）能否增加群体成员在工作中得到满足的机会，减少不必要的心理压力。

（6）是否明确奖励标准，以及做一些符合人们期望的事情等。

6.3.2 授权管理的审计

授权是指由上级主管或权力者委授下属以一定的责任与事权，使之在其监督下能自主地处理与行动。这种管理方法，授权者对被授权者仍保持有指挥与监督之权；被授权者对授权者负有报告与完成之责。

授权管理的审计内容如表6-5所示。

表6-5 授权管理的审计内容

序号	审计项目	审计内容
1	授权方式	主要是对利润中心授权方式、成本中心授权方式和责任中心授权方式进行审计
2	授权方法	（1）一般授权方法的审计，即查明在正常业务范围内的授权，是否在制度、职责分配中规定了处理正常性业务的标准；该种授权方法是否具有经常性和连续性 （2）特定授权方法的审计，即查明对非正常业务范围内的授权，是否只对特殊的个人进行授权，并给予严格的条件；该种授权方法是否属于一次性授权
3	授权条件因素	应查明在正常范围之外的授权因素，是不是高级人员空缺，在职人员力不从心，有人兼职过多，决策权限掌握在极少数人手中，工作人员缺乏主动精神；计划及研究时间紧迫，办公时间经常处理例外事项，下属动辄要请示批准，有关工作诀窍均要对下属保密等
4	其他	（1）是否根据明确的隶属关系进行授权，是否明确授权环节与授权者，有无越权授权 （2）是否以被授权者的能力强弱及知识高低为根据，因事选人，视能授权 （3）授权前是否做充分研究和准备，力求将责任与事权授予最合适的人 （4）所授权责是否明确，是否具体规定其目标和范围 （5）授权是否适当，是否有适当控制，以免造成授权过度或不足，又或放任自流 （6）主管是否保留适当权责，授权者和被授权者是否相互信赖，上级是否事事干预，下属是否事事请示 （7）是否注意适时授权和授权技巧等

6.3.3 激励机制的审计

激励因素主要包括物质和精神两个方面,如高薪、头衔等。对激励的审计,主要是对激励方法和其他问题进行审计。

1. 激励方法的审计

现代激励方法有合理报酬法、正强化法、参与管理法和工作兴趣丰富化法。内部审计人员对被审计单位所使用的激励方法进行审计时,应主要查明是否符合现代激励理论要求和现代激励方法原则。

2. 其他问题的审计

被审计单位要想有效实施激励机制,不仅要注意满足职工的报酬需要,还应该使职工获得成就感和安全感。审计时,内部审计人员应注意被审计单位以下几方面的问题。

(1) 是否以劝说、奖励为主,而不以发号施令为主。
(2) 是否尽量让下属自己做决定,而不是事事都做指示。
(3) 是否授权适当,而不是倾倒工作。
(4) 是否为下属设立明确目标,而不是要下属事事请教。
(5) 是否关心下属、倾听下属意见。
(6) 是否信守诺言并采取行动。
(7) 是否布置工作有连贯性,不中途变卦。
(8) 是否注意事前检视,防患于未然。
(9) 是否设立简单的规范让下属遵守,下属即使有错,也能心平气和地指出。
(10) 是否计划未来,激励下属努力工作。
(11) 是否有信任感,避免轻率下判断。
(12) 是否适当奖励下属,与下属和睦相处等。

6.3.4 信息沟通机制的审计

信息沟通是单位中构成人员之间的观念和消息的传达与了解的过程,它是人们完成企业使命或达成任务而采取的一种必要手段。信息沟通机制的审计主要包括信息沟通种类、信息沟通要素和信息沟通措施的审计。

1. 信息沟通种类的审计

信息沟通主要有正式沟通和非正式沟通两大类，审计时，内部审计人员应分为正式沟通的审计和非正式沟通的审计。

（1）正式沟通的审计。正式沟通是配合正式组织而产生的，依据信息流通的方向可分为上行沟通审计、下行沟通审计和平行沟通审计。

（2）非正式沟通的审计。非正式信息沟通是指非组织的沟通，它一方面满足了员工的需要，另一方面也补充了正式沟通的不足。审计时，内部审计人员应注意以下几点。

① 是否产生于人员之间的社会交往行为。

② 是否产生于无意之间，没有时间、地点、内容的限定。

③ 是否具有选择性、针对性、传递快、反馈迅速、评价及时等特点，是否能起到正式沟通所起不到的作用。

④ 是否具有单线式、流言式、偶然式、集束式等传递方式，是否具有书面式、口头式、非语言式等沟通方式。

⑤ 是否以组织机构作为信息沟通的手段，是否以社会系统作为信息沟通的网络等。

2. 信息沟通要素的审计

信息沟通要素的审计内容如下。

（1）信息沟通工作是否符合基本要素的规定。

（2）信息沟通程序是否有一定的媒介和线路。

（3）信息沟通程序是否采取命令、规则、通知、报告、公函、手册、备忘录等形式。

（4）信息接收者是否属于接受消息、命令、报告及任何沟通程序的人。

（5）企业是否获得预期的反映与结果。

3. 信息沟通措施的审计

沟通是协调的一种方法或手段，其目的是使企业各部门和全体员工，能够分工合作、协调一致，达成共同使命。

信息沟通措施的审计内容如下。

（1）是否建立必要的协商、会签制度。

（2）是否制定工作流程图以便促进自动联系。

（3）是否专设协调机制专负协调之责。

（4）是否运用会议方式促进意见交流。

（5）是否利用简化的公文报表促进信息交流。
（6）是否利用报刊通信录促进与外界交流。
（7）是否利用计算机技术及时获取与处理信息。
（8）是否通过设置意见箱、个别访问谈话等形式了解员工的需求和心态。
（9）是否组织专门培训提高沟通技巧和水平等。

6.4 控制职能的审计

无论管理包括多少职能，控制始终被认为是其基本职能之一。控制处于管理的中心地位，更接近管理的本质，它对整个管理系统的活动具有约束和指导作用，具有计划、管理和报告功能；它不仅能有效预防或发现错误与弊端，还有利于企业有秩序、高效率地经营。因此，控制对企业目标的实现和经济效益的提高有着重大影响。无论是绩效审计还是管理审计，均把控制职能的审计作为重要的审计内容之一。控制职能的审计内容如表6-6所示。

表6-6　控制职能的审计内容

序号	项目	审计内容
1	控制设计	（1）是否根据组织规模、经营特征来设计控制方式 （2）是否根据组织机构设置和人员数量、素质情况对业务进行控制 （3）是否根据业务的性质及涉及面、复杂程度和危险程度进行控制 （4）是否注意控制过程设计的适当性、可操作性、经济性和有效性，是否注意控制过程的衔接与配合
2	控制目标	（1）是否选择关键的业务活动作为控制目标 （2）是否选择关键的资源作为控制目标 （3）是否选择关键的费用或成本项目作为控制目标
3	控制组织	（1）是否根据管理目标和计划目标，建立相应的控制组织机构 （2）是否在控制组织机构所辖范围内建立和保持适当的控制措施 （3）控制组织机构的层次划分设置是否合理，组织方式和组织类型是否恰当 （4）控制组织机构与一般业务部门之间的关系是否融洽 （5）控制组织机构的职权分配是否合理
4	控制标准	（1）控制标准是否适合组织的特点和管理的需要，是否有利于建立和健全保证管理目标和经济效益实现的控制过程 （2）控制标准是否有利于提高控制水平，完善现有的控制过程，更好地发挥控制过程对提高经济效益的作用，减少控制风险的发生 （3）控制标准是否严密完善，是否科学合理，是否便于衡量

续表

序号	项目	审计内容
5	控制方法	（1）是否根据控制目标采取科学合理的控制方法 （2）对于特定的控制目标，是否采用特殊的控制方法 （3）对于控制过程贯彻、执行情况是否进行监督检查
6	控制执行状况	（1）每个岗位的工作人员是否了解自己所应遵循的制度和规定 （2）各阶层管理人员是否自觉遵守与自己有关的控制制度，并自愿接受违反制度后的应有惩罚 （3）在控制制度执行过程中是否进行了必要的检查和调节工作 （4）控制过程执行的结果是否符合设计要求，是否达到了提高经济效益的目的 （5）对于控制结果不理想的，是否进行了适当的修正以至于重新设计整个控制过程
7	控制效率	（1）控制过程各环节之间衔接是否紧密，有无脱节或重复 （2）各环节工作效率是否良好，有无拖拉现象 （3）建立控制过程的花费与执行控制的所得之间的比例关系是否正常
8	控制检查职能	（1）被审计单位有无专职的检查组织和兼职的检查组织 （2）内部审计及管理检查职责情况 （3）内部审计和管理检查人员配备情况 （4）内部审计和管理检查工作计划的编制情况 （5）内部审计和管理检查工作计划的执行情况

6.5 管理部门的审计

管理部门的审计直接以被审计单位的管理活动为审核评价对象。内部审计人员通过审计评价各个管理职能的发挥程度、管理部门的工作状况以及管理人员素质的高低，可以发现企业管理中存在的问题和薄弱环节以及影响经济效益的因素，从而提出改善管理和提高经济效益的建议。

6.5.1 管理部门审计的任务

管理部门审计的任务可以分为基本任务和具体任务两个层次。

1.基本任务

管理部门审计的基本任务是，通过审计解决管理部门工作中不利于提高经济效益的问题，提高管理部门的工作水平，促进和保证企业经营或目标的实现。

2. 具体任务

管理部门审计的具体任务主要有以下几方面，如图6-2所示。

任务一　审计管理部门的职责范围

通过对其职责范围的划分，明确各自应承担的职责，避免和减少扯皮、推诿现象的发生

任务二　审计管理部门的职责履行状况

通过职责履行状况的审计，促进管理部门和管理人员认真履行自己的职责，为保证企业效益目标的实现提供条件

任务三　审计管理部门的内部结构和人员分工

通过审计，使管理部门的内部结构符合组织机构设计的要求；使管理部门的内部工作人员人尽其才、才尽其用，提高工作效率

任务四　分析管理部门存在的缺陷和薄弱环节

通过审计，提出改进管理工作的建议和措施，减少和消除对企业经济效益的不利因素

任务五　审计管理人员的素质

通过审计，了解管理人员的素质状况，以便有针对性地对各类人员进行教育、培训，不断提高管理人员的素质

图6-2　管理部门审计的具体任务

6.5.2 管理部门审计的特点

管理部门审计的特点如图6-3所示。

特点一 它主要是针对有关管理部门进行的，管理部门审计的对象是不同部门的管理工作，不像经营审计那样针对不同的业务环节，也不像管理职能审计那样针对某种职能

 特点二 它主要针对审计部门内部管理工作的各个方面，包括机构建制、任务划分、人员分工、职能履行、人员素质等，具有内容的多向性和广泛性

特点三 它主要是针对影响企业经济效益的因素进行的，对于与企业经济效益关系不密切的问题或没有关系的问题，则较少涉及或不涉及；对于一般财务审计中的问题，除与企业效益有关者外也不涉及

 特点四 对影响企业经济效益的因素的审计，侧重于从管理角度来分析问题，评价管理活动对经济效益的影响，以及从管理角度提出改进意见

图6-3　管理部门的审计特点

6.5.3　管理部门审计的内容

对管理部门的审计侧重于审计其管理组织及中下层管理部门，要从局部着眼，主要审计具体管理工作及制度程序的执行情况。管理部门审计主要包括以下内容。

（1）对管理部门组织的审计。对管理部门组织机构的审计一般包括表6-7所示的内容。

表6-7　管理部门组织的审计内容

序号	审计项目	审计内容
1	对组织机构的审计	（1）原有组织机构的结构形式是否合理，是否适应企业生产经营的需要 （2）管理幅度和管理层次的确定是否合理 （3）专业职能管理体系是否合理 （4）综合管理部门的建立和作用是否适应提高经济效益的需要 （5）智囊参谋部门的建立对提高经济效益所起的作用如何 （6）企业是否建立了负责开拓或开发的管理部门等

续表

序号	审计项目	审计内容
2	对管理职能和职责分工的审计	（1）管理岗位和管理岗位体系的设立是否合理 （2）职务、职责、职权的确立是否具有一致性 （3）管理岗位的任务量与所配备的人员数量、素质是否适应 （4）管理部门的纵向、横向分工是否合理 （5）管理工作程序、制度是否合理有效 （6）各层次管理人员的知识、能力、专业素质能否适应提高管理效率、保证经济效益的需要，即能否胜任本职工作 （7）管理效率是否良好 （8）信息采集、传递、使用是否及时、准确、有效

（2）管理部门工作的审计。企业在建立了科学合理的管理组织机构，进行了合理的职务、职责、职权划分，配备了具有相应素质的管理人员之后，各个管理部门工作状况如何，就成为影响企业经济效益的重要因素。通常所说的向管理要效益，在很大程度上取决于此。由于各个管理部门的工作性质不同、管理内容不同、影响经济效益的程度不同，对其工作审计的内容也不相同。具体内容如表6-8所示。

表6-8 管理部门工作审计的内容

序号	部门	审计内容
1	计划部门	应查明计划部门是否履行了计划制订、管理与修改、考察等职责
2	生产部门	应查明生产部门对生产过程的组织、指挥是否适当与灵活，各项生产任务的安排是否科学、合理，能否做到经常地催查与报告
3	销售部门	应查明销售部门履行市场预测、市场调查、销售政策制定、定价政策制定、销售方法选择、销售过程控制及销售人员培训等职责的状况
4	设备、物资管理部门	应查明设备、物资管理部门对履行消耗、存储定额制定，以及采购、保管、收发、维护等职责的状况
5	劳动管理部门	应查明劳动定额的先进性、组织的合理性、培训的经常性与有效性、奖励机制的健全性和劳动保护措施的充分性
6	技术管理部门	应查明新产品研发的有效性、新技术应用与开发的有效性，产品设计与工艺管理的先进性和合理性、产品质量管理的有效性等
7	财务部门	应查明有无制定科学适用的财务会计政策；会计工作是否遵循了会计法规的要求；是否进行了正确的反映与监督；有无严格的成本控制制度；是否采取了有效措施进行资金筹措及减少资金占用，以提高资金使用效率
8	信息管理部门	应查明信息管理部门能否保证信息畅通，信息的传输与反馈是否及时，信息存储及信息部门本身的安全是否有保障等

第 7 章

业务内部控制审计——收入

7.1 收入业务审计项目

7.2 销售政策和销售定价的订立和审批

7.3 客户信用政策的订立、审批、复核及修改

7.4 销售合同的订立和审批的控制

7.5 销售程序的控制

7.6 产成品发运

7.7 销售入账和应收账款

7.8 销售退回

7.9 售后服务和客户关系

7.10 客户档案的建立、更新和复核

7.1 收入业务审计项目

收入业务中包括图7-1所示审计子项。

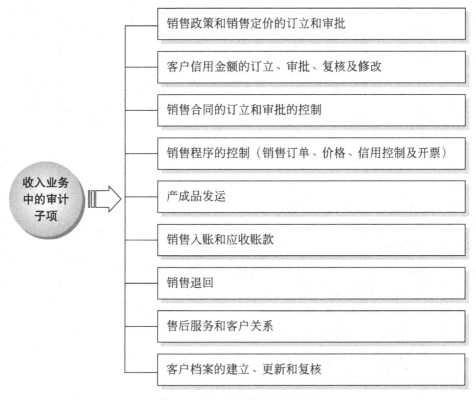

图7-1 收入业务流程审计子项

内部审计人员在对公司的收入业务进行内部控制审计前,应制定调查问卷(如表7-1所示)并开展调查。

表7-1 收入业务调查问卷

问题	回答记录
1.公司的销售形式有哪几种?各销售方式的比重如何?是否有现销?	
2.公司的主要产品有哪几种?	
3.请介绍一下公司销售部门的组织结构。	

续表

问题	回答记录
4.公司是否有一份书面的销售政策（包括定价、信用、销售折扣、销售操作流程等政策）？现在的执行情况如何？	
5.产品的市场定价策略和审批方式是怎样的？是否有一个指导价格体系？	
6.销售管理是使用手工还是电脑系统？若是系统控制，则使用何种方式控制销售价格？ a.与产品相关联的系统价格表。 b.与产品相关联的系统价格表，并辅以折扣率。 c.基于规则的定价体系（RBP）。	
7.对不符合价格体系的销售合同是否必须有审批程序？	
8.是否有一个统一的信用政策？该政策是否运用于公司所有的客户？信用政策的判断标准是什么？ a.信用额度。 b.信用周期。 c.以上两种方式的混合。	
9.信用政策是否会有定期复核的程序？	
10.是否有负责信用政策审核的经理或岗位？该经理/岗位是否独立于销售部和应收账款的岗位？	
11.公司信用的确定、分级审批核定及其复核的流程是怎样的？	
12.合同签订前的复核程序的问题如下。 a.是否有信用控制人员的复核？ b.是否有价格控制方面的复核？ c.是否需要法律顾问的复核？	
13.是由谁在销售合同上签字的？若非法人代表，则是否有法人代表的书面授权程序？	
14.销售合同的归档和保管程序是怎样的？是否连续编号？	
15.销售订单和合同的审批放行程序是怎样的？	
16.是否有核对订单、合同、发票和发货单的数量和金额的一致性的复核程序？请介绍。	
17.发票的开立、作废的控制程序是怎样的？	
18.请介绍仓库的发货流程，以及发货的单据复核流程。	
19.运输的方式是什么？（可以多选） a.客户自提。 b.公司运输到客户处。 c.委托承运人。	

续表

问题	回答记录
20.出库单、发运单据是否事先连续编号,并有人对归档的这些单据的连续性进行检查?	
21.公司确认销售和应收账款的流程是怎样的?	
22.是否有流程保证应收账款及其销售的确认和相应的成本确认记录在同一个会计期间?	
23.管理层人员是否有定期复核所有的销售资料分析,如毛利率分析等,并对异常的变化进行追踪调查的流程?	
24.如果使用系统的销售模块,则是否有一个定期核对的过程保证每笔应收账款的销售信息准确地传递到财务模块?	
25.是否有一个经理或相关岗位负责复核客户应收账款的所有调整和坏账准备提取或冲销的流程?	
26.是否至少每月制作应收账款账龄分析?并且对于逾期的账款采取了相应的措施?	
27.对于预收和从客户处退回的款项是否使用有别于应收账款的其他账户进行记录?	
28.公司的销售退回和售后服务的政策是怎样的?是否有独立的职能,如客户服务部或者客户服务经理?	
29.是否有公司的销售退回和客户服务的流程?相关操作人员是否熟悉该流程并按此操作?	
30.公司是否有对外的可量化的服务和保修承诺,如几天内返修?该承诺的审核和确认程序是怎样的?	
31.对于公司的客户服务或保修承诺,财务部是否了解?在账上预提相关费用的操作流程是怎样的?	
32.公司是否有一个客户的数据库? a.如果是手工管理,是否有专人管理所有客户的数据? b.若使用系统管理,系统中是否建立了客户信息的主文件? c.该数据库中包括客户的哪些主要信息?	
33.公司限制人员接触客户数据库的政策和相关的审批与复核流程是怎样的?	
34.公司客户信息的更新流程是怎样的?	
35.如果使用销售管理系统,其是否有接口来向仓库和财务部门传递信息?	
36.在现在的工作中,您最担心或最关心的事是什么?	

7.2 销售政策和销售定价的订立和审批

7.2.1 内部控制评价要求

销售政策和销售定价的订立及审批内部控制评价如表7-2所示。

表7-2 销售政策和销售定价的订立及审批内部控制评价

控制目标	风险	控制活动	相应审计程序
公司有符合公司战略目标的书面销售政策，该销售政策符合管理层的意志，并在公司内部贯彻执行	• 公司的战略目标无法实现 • 管理层意图无法贯彻执行 • 市场竞争力的下降	公司有关部门制定的销售政策有相关部门领导的会签，经高级管理层审批后下发到相关部门	A
		销售政策的执行部门了解公司的销售政策，并将该政策运用于实际销售活动中	A
		销售政策应该定期更新	A
公司有一份体现管理层意志的价格体系表，价格体系表符合销售政策	• 销售政策无法贯彻执行 • 销售定价得不到合理的监控	价格体系表的制定需财务部、市场部、销售部等部门多方配合，制定的价格体系表符合公司的销售政策，由公司高级管理层审核其合理性并签字确认	B
		公司使用的系统软件中有标准价格的设定，并且只有公司管理层有权限在系统中放行该价格体系	C
只有正确有效的信息可以被录入到价格体系表中	• 未经授权的修改 • 错误的产品信息	价格体系表的所有更新都必须填写正式的书面更新申请表，并予以归档备查	D
		价格体系表的建立和修改单据都经过适当的管理层对照销售政策进行审批	D
所有成熟的、可以提供给客户的产品信息均在该价格体系表上得以反映	• 损失潜在销售机会 • 盈利能力的降低 • 损失市场份额	加入新产品价格信息需要填写价格变更申请表，申请表连续编号	E
		管理层定期复核价格体系表所包含信息的准确性、相关性和完整性	F

续表

控制目标	风险	控制活动	相应审计程序
价格体系表可以在需要时为使用者提供关键的信息	●关键信息得不到有效利用 ●关键信息的丢失	价格体系表制定的过程中有使用者的参与，保证该表符合使用者的要求	G
		价格体系表下发到具体的使用者	G
		价格体系表有专人负责维护，并有完善的备份制度	H
		价格体系表定期及时更新，以反映市场的情况	I
只有经过授权的人员才能够接触价格体系表	●未经授权的修改 ●敏感信息的泄露	系统中为价格体系表的使用者设立了使用或修改的不同权限	J
		对价格体系表的使用和修改有经过管理层适当的授权	D
销售预测被准确地制定，并体现管理层的意图	●生产计划不准确 ●最终影响存货和资金占用率的指标	销售部基于科学方法制定销售预测	K
		销售预测被定期地滚动更新，并经过管理层的批准	L
		管理层审核并认可销售预测	K

7.2.2 审计程序

销售政策和销售定价的订立及审批的程序说明如表7-3所示。

表7-3 销售政策和销售定价的订立及审批的程序说明

程序	程序操作说明
A	1.对市场部、销售部、财务部或其他相关人员进行访谈，了解销售政策制定的依据和相关的市场经济信息与市场策略，以及参与制定政策的人员和下达到部门的情况等 2.获得书面的销售政策范本 3.对档案进行检查，查看是否有高级管理层的签字或者确认 4.询问下达部门的操作人员，判断其了解销售政策及执行的程度 5.查看销售政策范本的日期是否得到及时更新

续表

程序	程序操作说明
B	1.通过交叉性询问了解价格体系制定的步骤，确定公司的相关部门是否参与其中 2.评估价格体系表与销售政策的符合程度 3.获得最近颁布的三份价格体系表，检查文件，确定是否有公司高级管理层复核的签字确认 4.查看最近的毛利率分析表，就异常情况（如销售负利润）进行追踪，了解原因
C	1.在IT部门的支持下，了解系统价格体系的建立、更正和放行的情况 2.在IT支持下，获得可以修改价格体系人员的名单并进行认真调查，以保证名单上的人员都有管理层的授权 3.在IT支持下，获得可以放行价格体系（即授权系统使用该标准价格）的人员名单并进行调查，以保证名单上的人员均得到高级管理层的授权
D	1.对价格体系表制定的相关部门进行访谈，了解价格体系表的建立和更新流程 2.对照销售政策，评估更新流程与政策的符合程度 3.使用判断抽样法，从归档的档中抽取___张最近的销售定价修改申请表样本，查看是否有相应管理人员的审批签字 4.追踪到最近的一份价格体系表，查看其是否根据授权的销售定价修改申请表进行了更新
E	1.交叉询问新产品价格信息加入价格体系表的流程 2.检查销售定价修改申请表是否连续编号 3.使用判断抽样抽取___张价格体系表，查核新产品加入此表是否有相关审批
F	1.询问管理层对于定期复核价格体系表的事项，评估其对于该控制点的认知情况 2.获取价格体系表复核报告，检查管理层的复核签字 3.检查信用复核报告的日期，判断其复核频率，并与销售政策相对照其贯彻情况 4.询问管理层如何确保价格体系表的完整性，就询问结果做进一步抽样测试
G	1.访谈价格体系表的制定部门及使用部门，了解使用者在价格体系制定中的参与程度 2.访谈价格体系表的使用者，评估价格体系表是否符合使用者要求 3.了解价格体系表是否下发到使用者，该使用者是否得到恰当的授权接触该信息
H	1.访谈价格体系表存盘部门，了解是否有价格体系表维护的相关规定，以及保管情况 2.若使用了系统中的价格体系，则检查该档案是否纳入了日常的备份计划中
I	1.访谈销售部门和市场部的管理层，询问是否有定期更新的制度 2.获得最近三个月的价格体系，对照确认有更新的情况，检查管理层的签字确认
J	1.访谈管理系统中价格体系的IT人员，了解其权限设置 2.获得所有可以访问/修改系统价格体系的人员清单 3.基于"按需分配"原则评估清单上的人员是否被恰当地分配了权限 4.检查相应的访问授权申请单据，查看是否有管理层的签字确认

续表

程序	程序操作说明
K	1.对销售部销售预测制定的相关人员进行访谈，了解销售预测的制定过程、使用的方法和参考的信息 2.获得销售预测的文件样本，复核其制定方法的合理性 3.对销售预测文件进行判断抽样，选取___份预测文件，查看是否有适当的管理层的签字或者确认
L	1.在程序A的访谈中，了解销售预测定期更新的情况，判断其是否成为一个制度被执行贯彻 2.获得预测更新的书面文件，如更新后的预测、更新的批示、电子邮件等，复核其更新频度和相关的管理层审批确认

7.3 客户信用政策的订立、审批、复核及修改

7.3.1 内部控制评价要求

客户信用政策的订立、审批、复核及修改内部控制评价要求如表7-4所示。

表7-4 客户信用政策的订立、审批、复核及修改内部控制评价要求

控制目标	风险	控制活动	相应审计程序
信用政策反映了公司所处市场经济环境，并符合公司管理层的意志以及公司的整体战略目标	● 市场竞争力的下降 ● 公司客户的流失 ● 管理层意图无法贯彻执行	信用政策由独立于销售部的其他部门根据市场经济情况和公司政策及市场战略进行制订	A
		信用政策经过高级管理层的审批，并且下发到相关部门	A
信用额度的建立和修改符合管理层的意志以及公司的信用政策	● 未经授权的修改 ● 管理层意图无法贯彻执行	所有信用额度的申请都必须填写正式的书面表格，并予以归档备查	B
		所有信用额度的修改都必须填写正式的书面表格，并予以归档备查	C
		信用额度的申请和修改单据都经过适当的管理层对照信用政策进行审批	B/C

续表

控制目标	风险	控制活动	相应审计程序
客户的信用额度能够真实地、及时地反映客户实际情况	● 错误的信用信息 ● 潜在的坏账可能	管理层定期复核客户的信用额度	D
		对于客户发生的突然情况,销售部及时将信息提供给信用管理部门提交变更申请	E
		信用管理部门统计信用额度的占用比率和出现超过额度特批情况的频度,出具信用额度的分析意见,该意见由管理层复核	F
		客户的档案中有关于信用额度决策的支持文件,如客户的财务报表、还款记录等,并有管理层的定期复核	D
接触信用额度资料的人员均经过恰当的授权	● 敏感信息的泄露 ● 未经授权的修改	销售系统中起用了信用额度控制,并在客户主档案文件中有单独的字段予以记录	G
		只有经过授权的人员才可以接触信用额度的相关信息	H

7.3.2 审计程序

客户信用政策的订立、审批、复核及修改内部控制审计程序说明如表7-5所示。

表7-5 客户信用政策的订立、审批、复核及修改内部控制审计程序说明

程序	程序操作说明
A	1.询问管理层了解公司是否设有独立的信用管理岗位 2.对市场部、销售部、财务部或其他相关人员进行访谈,了解信用政策制定的依据和相关的市场经济信息及市场策略,以及参与制定政策的人员和下达到部门的情况等 3.获得书面的信用政策范本,对其进行检查,查看是否有高级管理层的签字或者确认 4.根据了解到的政策下达部门,询问该部门的操作人员对政策的了解程度 5.评估信用政策在相关部门贯彻执行的程度

续表

程序	程序操作说明
B	1.对信用政策的执行部门进行访谈，了解信用额度的申请流程 2.对照信用政策，评估申请流程与政策的符合程度 3.使用判断抽样法，从归档的档案中抽取___张信用额度单样本，查看是否有相应管理人员的审批签字 4.（仅在B3不适用时执行）追踪这些申请单到信用额度客户档案，查看档案是否被同步更新
C	1.对信用政策的执行部门进行访谈，了解信用额度的修改流程和信用额度制定的依据 2.对照信用政策评估修改流程与政策的符合程度 3.使用判断抽样法，从归档的档案中抽取___张最近的信用额度修改单样本，查看是否有相应管理人员的审批签字 4.追踪这些修改单到信用额度客户档案，查看档案是否被同步更新
D	1.询问管理层对于定期复核信用额度的事项，评估其对于该控制点的认知情况 2.获取信用复核报告以及相关的支持文件，如客户最近的财务报表或者还款历史记录等，并检查管理层的复核签字 3.检查信用复核报告的日期，判断其复核频率，并与信用政策相对照其执行情况
E	1.对信用管理部门进行访谈，询问及时根据客户突发情况修改信用额度的流程 2.复核及时修改信用额度的流程是否符合信用政策 3.对销售部门进行访谈，询问销售人员对及时反映客户突发情况给信用管理部门的认知度 4.使用判断抽样法，从信用额度修改单总体中抽取最近的___张因客户情况突然变更而产生的___张信用额度修改单，并追踪到信用额度客户档案，查看档案是否被同步更新
F	1.对信用管理部门进行访谈，询问统计信用额度分析报表的情况 2.获得最近三个月的信用额度分析报表，检查该报表是否有管理层的签署意见 3.分析复核信用特批情况的频度，确认信用额度是否制定得合理和正确
G	1.访谈IT部门管理销售系统的人员，了解系统主文件的相关信息 2.上线检查系统主文件的设置，查看是否包括信用额度的字段，是否该字段被启动使用 3.在IT人员的帮助下取得可以访问客户档案的人员清单，并确认其经过授权 4.对于所有未经授权却出现在清单上的人员，调查其原因
H	1.对信用管理部门或者客户数据的管理部门进行访谈，询问客户数据包括的信息内容和保管的方式，以及哪些人可以看到信用额度的信息 2.在相关的文档（如信用政策）中，查看对于限制接触的有关规定，并询问操作人员和信用信息管理者的认知度

7.4 销售合同的订立和审批的控制

7.4.1 内部控制评价要求

销售合同的订立和审批的内部控制评价要求如表7-6所示。

表7-6 销售合同的订立和审批的内部控制评价要求

控制目标	风险	控制活动	相应审计程序
确保订立的销售合同的合法性与完整性	●潜在的法律纠纷 ●有不应承担的约束	公司制定模块化的标准合同模板，标准合同模板由公司法律顾问在相关部门协助下制定，总经理签字批准	A
		法律顾问定期根据国家相关法律法规对标准合同模板进行复核	A
		合同的制作以标准合同模板为准，按具体需要使用相关的模块，法律顾问审核合同的合法性并签字确认	B
销售合同经过适当的审批，符合公司的各项政策及规定	●潜在的经济利益损失 ●不符合管理层的意图 ●潜在的法律纠纷	公司有合同审批制度，该制度明确各合同控制部门审批的方式、权限、程序、责任和相关控制措施，并经高级管理层核准后执行	C
		公司在合同审批过程中使用合同评审单，价格控制、信用控制等部门审核未订合同并在评审单上签字	B
确保公司所签订的销售合同可以按时完成，避免公司交货违约风险	●潜在的违约风险	公司有交货期确认程序，合同签订前销售人员向生产部门查询合同交货期是否超出生产能力	D
		销售合同的审批过程中交生产部门进行交期审核，审核通过后生产部门在合同评审表上签字确认	B
		有专人对销售合同的执行情况进行登记管理并进行分析	D

续表

控制目标	风险	控制活动	相应审计程序
销售合同签章人是由管理层授权的合法的企业代表人	● 未经授权签发合同 ● 法律上的潜在纠纷	公司有经管理层批准的分级授权制度，制度中规定相应人员签字权限	E
		经批准的代表公司签订合同的人员有公司高级管理层签发的书面授权书	E
所有签订的销售合同得到妥善的保管	● 销售合同的丢失或损坏 ● 敏感信息的泄露	销售合同连续编号	F
		销售合同的保管由专人负责，销售合同的借出有相应的审批及登记程序	G
		销售合同存放地点有足够的物理安全保障	H

7.4.2 审计程序

销售合同的订立和审批的内部控制审计程序与说明如表7-7所示。

表7-7 销售合同的订立和审批的内部控制审计程序与说明

程序	程序操作说明
A	1. 访谈公司营销人员，了解公司是否有标准化的合同模板，该范本是否由法律顾问定期复核 2. 获得标准化合同模板，检查是否有总经理签字确认 3. 了解该范本是否会定期地经法律顾问审核，并复核其书面的审计轨迹
B	1. 访谈公司的各合同控制部门，了解合同审批过程是否使用合同评审表以及合同评审表与合同一起流转的过程，了解合同的制作是否以标准化合同模板为依据 2. 通过判断抽样，抽取___份合同评审表，检查上面是否有各评审部门的签字及总经理的签字，确认是否有法律顾问的签字确认 3. 是否有仓库或生产部门的对于生产能力或交货期的保证确认
C	1. 访谈公司的领导层，了解公司是否有经高级管理层批准的合同审批制度 2. 了解补充合同签订的流程，相关具体审计程序视同新合同签订 3. 获得公司的审批制度，检查是否有管理层的签字确认
D	1. 访谈公司销售人员，调查合同制定前是否有交货期确认的过程，或者他是以何种方式了解交货期限制的 2. 获得书面的审计轨迹，如电话记录、电子邮件、微信沟通信息等，检查其执行情况 3. 了解销售或者其他部门有无登记或统计销售合同完成情况的活动，并获得相关的文件，如销售合同登记表等，确认其日期、内容和管理层的复核

续表

程序	程序操作说明
E	1.访谈公司管理层,了解哪些人员被授权可以代表公司在合同上签字 2.获得被授权的人员名单,检查各人被授权的额度 3.获得并检查其书面的授权书是否有高级管理层的签字 4.通过判断抽样,抽取___份合同,对照签字人授权额度,检查是否有签字人超过授权额度的现象
F	1.访谈销售合同保管人员,了解销售合同是否连续编号 2.查阅归档的销售合同,检查连续编号情况
G	1.访谈营销部门,调查销售合同是否由专人保管 2.访谈销售合同保管人,了解销售合同借阅的控制程序 3.获得出借记录,检查其是否有出借人的签名、时间和归还期限制
H	1.实地观察合同保管地点,判断是否有足够的安全措施 2.询问合同保管人员合同遗失的补偿性措施

7.5 销售程序的控制

7.5.1 内部控制评价要求

订单处理及开票的内部控制评价要求如表7-8所示。

表7-8 订单处理及开票的内部控制评价要求

控制目标	风险	控制活动	相应审计程序
销售订单只处理经管理层授权的成熟的公司产品或服务	●售后服务的巨大压力 ●客户投诉的增加 ●公司公众信誉的损害	经管理层审核的公司标准产品名录/价格体系表下达到销售部门和市场部门员工并执行	A
		销售订单在发给客户前经过销售部管理层审核	B
		价格偏离价格体系规定的销售订单均经由高级管理层特别审批	C
		分级授权审批销售价格	C

续表

控制目标	风险	控制活动	相应审计程序
销售订单遵循公司的价格体系或标准	• 未经授权的销售价格或折扣 • 潜在和外在的销售损失 • 管理层意图无法贯彻执行	经管理层审核的公司标准产品名录/价格体系表下达到销售部门和市场部门员工并执行	A
		销售订单在发给客户前经过销售部管理层审核	B
所有的销售订单/合同及时地得到处理,递交到发货和服务部门	• 市场机遇的丧失 • 客户投诉的增加 • 公司公众信誉的损害 • 内部管理成本的上升	公司业务操作流程中说明了订单处理的时间标准,并下达经办人员执行	D
		使用内部文件记录并追踪所有的销售订单处理情况,对较长时间未处理的订单及时调查原因	E
		管理层定期复核系统中的订单列表,查看异常订单状态并及时调查原因	F
		使用电子接口传送批准放行后的销售订单到仓库备货	G
只有通过信用检查的客户才能进行合同的签订和销售订单的进一步处理	• 未经授权的订单放行 • 潜在的坏账损失	所有的订单在合同签订前都按管理层批准后的信用政策进行了信用检查	H
		所有未通过信用检查的销售订单均须经过恰当管理层分级授权后才可以放行	I
		系统中自动挂起无法通过信用检查的订单等待经管理层授权的放行	G
销售业务中不兼容职责之间具备必要的职责分工	• 虚拟的销售客户 • 发货到不存在的客户 • 公司的资产损失	销售订单的填制人员、发货人员和记录销售的人员由不同部门的不同员工担任	J
		管理层定期复核销售订单列表和发货记录	J
开立的销售发票准确地反映了交易的相关信息	• 错误的销售金额 • 错误的客户信息 • 内部管理成本的增加	经办人员核对销售订单/合同、出库单以及经管理层批准的价格体系表后开具销售发票	K
		独立于经办人员的其他人员核对发票上的客户名称、地址、银行账号和税号等信息	K

续表

控制目标	风险	控制活动	相应审计程序
开立的销售发票及时递交给客户	●发票的遗失 ●客户满意度的下降 ●内部管理成本的增加	公司的发票开立后立即以快递的方式寄给客户	L
		开立的发票通过销售员交给客户，销售员在发票的控制档案上签收	L
		公司要求客户收到发票后给出确认	M
发票的开立和作废得到管理层恰当的监控，符合国家发票管理的相关法规制度	●违反国家法规政策 ●税务机关的核查和罚金 ●公司公共形象的损害	有内部文件记录所有发票的开立和作废情况，并且该档案经管理层定期审核	N
		作废的发票单独存放并进行登记	N
		公司增值税发票使用政府金税工程由机器开立	O
出口退税申报及时	●公司遭受财务损失	出口货物的销售订单开立以后，需尽快申报出口退税	P

7.5.2 审计程序

订单处理及开票的控制内部审计程序与说明如表7-9所示。

表7-9 订单处理及开票的控制内部审计程序与说明

程序	程序操作说明
A	1.对销售部门员工进行访谈，了解实践操作人员对公司标准产品名录和价格体系表的认知程度，交叉询问不同的员工在其实际工作中执行产品名录和价格体系的程度 2.根据交叉询问的结果评估产品名录和价格体系表在相关部门贯彻执行的程度
B	1.对销售部门管理层进行访谈，询问销售订单的核准过程和审核的内容，确认是否包括了对产品名称和销售单价、折扣的确认 2.取得销售订单的文件，使用判断抽样法，抽取___张销售订单，查看其是否有销售部管理人员的签字确认 3.把步骤B2所选样本的产品对照标准产品名录，查找是否有在名录上无法找到的项目，并调查原因 4.把步骤B2所选样本的产品对照经批准的价格体系表，查看销售单价和折扣比率是否均能够在体系表上找到，若非如此，则需调查原因

续表

程序	程序操作说明
C	1.对销售部门管理层进行访谈，询问是否经常有偏离价格体系定价的销售订单情况，以及相应的处理程序 2.取得此类销售订单的文件，使用判断抽样法，抽取___张销售订单，查看其是否有销售部高级管理层的签字确认或者批示意见 3.寻找任何未有书面特别批准例外的情况，调查其原因 4.取得并查看价格审批的分级授权表
D	1.对销售部、市场部、信用控制等相关订单执行部门进行访谈，了解是否有订单处理的流程文件和要求的时间间隔 2.对照该流程文件的时间要求，评估经办人员执行流程的情况和执行效率 3.使用判断抽样法，从归档的销售订单列表中抽取___张销售订单，追踪样本到相应的发货单据，查看日期的变化，以评价订单的处理时间是否符合要求
E	1.询问订单处理部门使用内部控制的文件追踪订单处理的情况 2.获得最近三个月的订单控制文件，查找尚未关闭的订单是否已有相关人员的适当跟进 3.对于未及时跟进的订单，调查其原因并提交审计发现与建议书
F	1.交叉询问订单处理部门定期提交给管理层未完销售订单报告的情况，交叉询问相关管理层人员定期复核该报告的情况 2.获得最近三个月的未完销售订单报告，查看管理层复核留下的签字确认和日期，评估定期复核制度的有效性 3.对于未及时予以复核的未完订单报告，向管理层询问原因以及替代定期复核的措施
G	1.对IT部门进行访谈，询问了解系统中的销售订单的流程，包括输入、授权、信用检查、放行及传输到仓库的过程，以及该过程所需的时间 2.实地观察操作人员输入订单以及仓库接收经授权放行的系统订单的过程 3.交叉询问IT部门和业务部门关于未通过信用检查的订单情况 4.在业务操作和IT人员的帮助下寻找一个超过信用额度的客户，在系统中输入一个测试订单，观察其是否被系统实时地挂起，测试结束后由IT人员将该订单手工关闭 5.在IT人员的帮助下，从系统的日志文件或放行列表中使用判断抽样，抽取最近的___个被手工放行的挂起订单记录，追踪到相应的书面审批文件，如信用额度宽限申请书、管理层审批意见等，查看管理层的签署意见和签章确认
H	1.对销售部门管理层进行访谈，询问合同签订前信用检查的流程和相关信息 2.从归档的合同审批表中，使用判断抽样法，抽取___张合同审批表，查看是否有信用控制经理的签章确认和签署意见

续表

程序	程序操作说明
I	（适用于订单的手工处理系统处理过程则执行程序F） 1.对订单业务的相关部门进行访谈，了解销售订单授权放行的流程和相关信息 2.获得销售订单的内部控制文件历史记录，对于其中手工放行的订单使用判断抽样法，抽取___条记录，追踪到书面的授权记录，如信用额度宽限申请书、管理层审批意见等，查看是否有管理层的签署意见和签字确认 3.取得信用审批的分级授权表
J	1.交叉询问管理层和业务部门的操作人员，了解订单、记录和发货业务的职责分工 2.若无法满足职责分工的要求，则询问管理层是否有定期复核业务报告的制度，如复核订单列表和发货记录等 3.查看相关文件，确认管理层定期复核业务报告的书面证据，如签字、批注等
K	1.对财务部的开票人员进行访谈，了解开票前相关单据核对的流程，包括订单、合同、出库单以及价格体系表等，了解是否有独立于经办人员的其他人对发票的准确性进行再确认 2.实地观察发票开具的过程，确认发票开立之前相关单据经过核对，观察发票在送交客户之前由第三人对信息进行复核的过程 3.检查发票信息核对的书面审计轨迹，使用判断抽样法，抽取___张发票复核单据，检查其是否有复核人的签章 4.使用判断抽样法抽取___套订单、出库单和发票，核对金额、数量
L	1.交叉询问销售部和财务部的开票人员，了解发票递交给客户的方式和时间间隔要求 2.实地观察发票邮寄或递交销售员的过程，确认发票被及时地送出和处理 3.检查销售员签收发票的控制档案，确认均有销售员的签字确认
M	1.交叉询问销售部和财务部，了解发票递交客户后公司是否要求客户给出发票的收到确认，以及确认的方式 2.检查书面的审计轨迹，如客户确认的电子邮件、传真或电话记录、QQ（微信）记录、对账单等，确认客户的签章确认以及日期
N	1.对财务部进行访谈，了解发票的开立和作废的控制过程、使用的控制档案、管理层的审核要求等信息 2.检查发票的登记簿，查看作废和跳号的记录，向经办人询问原因 3.使用判断抽样法，抽取___条作废发票的记录，追踪到作废的发票存放，确认全部可以匹配，发票上注明了"作废"字样 4.检查发票登记簿上管理层复核的签字确认

续表

程序	程序操作说明
O	1. 对财务部进行访谈，了解增值税发票开立的方式和流程，开票用计算机和磁卡设备的保安措施以及使用系统接口的情况 2. 询问系统权限的设置 3. 实地检查开票用计算机和磁卡设备的安全环境，确认有物理上的保安措施，有防病毒软件的运行等逻辑安全措施 4. 实地检查开票用磁卡的保管，确认其防火、防盗、防磁，防止未经授权人的接触等措施
P	用判断抽样法，抽取___张出口退税申报表，查核日期与销售订单的日期是否相差很远，发票是否出现在申报表上

7.6 产成品发运

7.6.1 内部控制评价要求

产成品发运内部控制评价要求如表7-10所示。

表7-10 产成品发运内部控制评价要求

控制目标	风险	控制活动	相应审计程序
产品的发出符合经批准的销售订单	● 产品未发给正确的客户 ● 发出错误的产品和数量 ● 公司资产的损失	仓库人员应检查销售部门订单或者指令是否经过符合公司政策的审批手续	A
		应由独立于备货的人员核对实际的备货是否符合相应的已经批准的销售订单，并批准产成品出库	A
		仓库人员应定期将产品出库情况报告给销售部门，销售部门定期检查销售订单执行情况	A
产品的发出经过合理的手续	● 客户不承认收货 ● 公司资产损失	所有运输产品的交通工具出厂都应经安全人员检查放行手续是否完备	B
		所有出库的产品应有适当的签收	C
		承运合同应经过管理层签字和法律部门审核	C

续表

控制目标	风险	控制活动	相应审计程序
所有的产品出运都已正确地、及时地记录并开出发票	●未及时开出发票 ●公司资产的损失	所有的产品发运的记录都经过必要的复核并核对原始出库单据	D
		对所有的发货,包括销售发货、内部领用等,均在专门的登记本/台账上登记,并有专门人员检查是否所有的销售发货都已开出发票	D
		出库单或发运单据是连续编号的,并对其连续使用情况进行检查	D
所有出运产品的成本已正确地、及时地(在恰当的会计期内)转入销售成本账户	●财务信息不正确	出库单或发运单是事先连续编号的,并对其连续使用情况进行检查	D
		成本转账凭证制作及过账经过恰当的复核	E
		定期复核销售、销售成本、应收账款、存货等管理报表,对重大的波动进行分析	F

7.6.2 审计程序

产成品发运内部控制审计程序与说明如表7-11所示。

表7-11 产成品发运内部控制审计程序与说明

程序	程序操作说明
A	1.对仓库或其他相关人员进行访谈,询问发货控制流程 2.从归档的出库单中用判断抽样法抽取___张样本,检查是否有管理层的复核签字,并跟踪至相应的销售订单,看内容是否相符 3.用判断抽样法抽取___份销售人员核对出库情况的报告样本,查看销售部门检查核对销售订单的确认
B	1.询问相关部门如保安部和仓库等,了解出库货物的大门放行程序 2.如有书面放行记录,用判断抽样法抽取___样本,检查产品发运的放行记录 3.如无书面放行记录,则实地观察产品发运的放行情况
C	1.询问仓库在发货时收货人或货物承运人的签收情况 2.在归档的出库单或装箱单中用判断抽样法抽取___样本,检查是否有收货签收 3.询问管理层承运合同的制定审核流程 4.用判断抽样法抽取___份承运合同,查核相关条款是否确保公司利益,并查看管理层和法律顾问的签字

续表

程序	程序操作说明
D	1. 对仓库或其他相关人员进行访谈，询问有关发货与开票的控制流程 2. 检查入库单或发运单据，确认是连续编号的 3. 从发货记录中，使用判断抽样法抽取___个记录样本，跟踪至出库单等原始单据，检查记录是否与原始单据内容一致，检查样本的复核签字 4. 从原始出库单据中使用判断抽样法抽取___个样本，跟踪至发货登记本，检查其内容是否一致 5. 确认登记本上是否有已开发票的记录，并跟踪至发票，检查发票开出期间是否与发运期间一致
E	1. 使用判断抽样法，从销售成本结转凭证抽取___样本，检查制作人及复核人签字 2. 跟踪抽取的凭证及明细账，检查该笔金额已经入账
F	1. 询问管理层关于销售和成本报表复核的事项 2. 使用判断抽样法抽取3～4个月分析复核的书面记录（按审计范围为12个月为例），查看是否有复核的签字确认

7.7 销售入账和应收账款

7.7.1 内部控制评价要求

销售入账和应收账款内部控制评价要求如表7-12所示。

表7-12 销售入账和应收账款内部控制评价要求

控制目标	风险	控制活动	相应审计程序
所有销售产品的收入及应收款都正确、完整、及时地（在恰当的会计期内）记录	● 未及时确认应收款项 ● 未及时确认收入 ● 财务信息不准确、不完整	应收账款及销售收入的操作流程符合公司政策和会计手册的要求	A
		应收账款及销售收入的凭证应由制作人以外的财务人员核对相应的出库单、发运单据等原始单据	A
		对所有的发货在专门的登记本上登记，并有相应的岗位职能来检查是否所有的应确认的应收款及收入已正确记录	B

续表

控制目标	风险	控制活动	相应审计程序
所有销售产品的收入及应收款都正确、完整、及时地（在恰当的会计期内）记录	●未及时确认应收款项 ●未及时确认收入 ●财务信息不准确、不完整	对在会计期前后发生的出运进行追踪和必要的调节，以确保销售产品的应收款及收入记录于正确的会计期	C
		定期复核销售、销售成本、应收账款、存货等管理报表，对重大的波动进行分析	D
		定期向代销商发函证，及时取得代销数量及产品余额并及时确认收入及应收账	E
		定期检查分期付款销售清单，及时确认相应的应收款及收入	F
		定期与客户进行函证，确认应收款余额	G
		现销中收款应有职责分离	H
所有销售退回产品引起的应收款冲回都正确地、完整、及时地（在恰当的会计期内）记录	●应收款的冲回无正当的依据 ●公司资产损失 ●财务信息不正确	应收账款冲回的凭证应由制作人以外的财务人员核对相应的销售退回单、入库单等原始单据	I
		对所有的销售退回在专门的登记本上登记，并设置专门人员检查是否所有的应收款已冲回	J
		销售退回单是事先连续编号的，并检查其是否连续使用	J
		对在会计期前后发生的销售退回进行追踪和必要的调节，以确保销售退回记录于正确的会计期	K
		定期与客户进行函证，确认应收款余额	G
		退货后应及时取得红字发票或取回原来的发票	L
所有的收款都正确地、完整、及时地（在恰当地会计期内）记录	●公司资产损失 ●财务信息不准确	应收账款的收款凭证应由制作人以外的财务人员核对相应的收款单据等原始单据	M
		对于现金折扣，应有相应的复核审批手续	N
		定期与客户进行函证，确认应收款余额	G

续表

控制目标	风险	控制活动	相应审计程序
保证应收账款的安全	● 发生舞弊 ● 公司资产损失	应收款的操作人员应与收款、销售、仓库等工作职责分离	A
		公司建立应收款催收程序，定期制作已超信用条款的客户清单，并有专人进行催收	O
		定期复核应收款清单，检查清单上的客户是否是经过管理层信用批准的有效客户	P
		财务人员定期制作应收账款账龄报表，并由适当的管理层复核	Q
		所有核销的坏账或对应收款的调整应经过管理层的批准	R
		定期与客户进行函证，确认应收款余额	G
应收账款正确地披露	● 财务信息不正确	会计期末制作应收账款清单，由专人检查余额为负数的明细客户，并在制作报表时做必要的重分类	S

7.7.2 审计程序

销售入账和应收账款内部控制审计程序与说明如表7-13所示。

表7-13 销售入账和应收账款内部控制审计程序与说明

程序	程序操作说明
A	1. 对财务部或其他相关人员进行访谈，了解销售收入及应收账款控制方面的操作流程 2. 对照公司的财务政策和会计手册的要求，评估其符合性 3. 从应收账款借方转账凭证中使用判断抽样法抽取___份凭证样本，检查凭证制作人及复核人签字，并跟踪相应的出库单、发运单、发票等原始单据，检查入账时间是否正确、单据内容是否与凭证相符
B	1. 检查发货登记本，看已登记的项目是否进行了账务处理 2. 从发货登记本的发货栏使用判断抽样法抽取___个样本，检查其出库单或送货单，并跟踪至凭证及应收账款明细账，看入账时间及入账内容是否相符

续表

程序	程序操作说明
C	1.抽取会计期末前___天至会计期末后___天期间所有的出库单 2.跟踪至相应的发票、凭证及会计账目,检查单据内容是否一致,入账会计期是否正确
D	1.询问管理层关于销售和成本报表复核的事项 2.采取判断抽样法抽取3~4个月分析复核的书面记录(按审计时间范围为12个月),查看是否有复核的签字确认
E	1.从代销商名录上用判断抽样法抽取___个代销商样本,检查公司与代销商之间审计期间内的函证是否按公司要求间隔进行 2.调查回复函证的差异,应跟踪至调节表、相应的调整凭证及明细账,检查账务处理是否及时及内容是否正确
F	1.从分期付款销售合同中用判断抽样法抽取___份合同样本 2.跟踪至分期付款销售清单,并按照合同确认的时间跟踪至相应的明细账及凭证,检查入账时间及内容是否准确
G	1.从应收账款明细账中抽取年交易量最高的___个客户样本,检查其函证是否按公司要求的间隔进行 2.对比回函的余额与相应期间的明细账的余额是否一致,函证余额与客户确认的余额是否一致 3.如果回复函证余额与客户确认余额不一致,应跟踪至调节表,并调查差异原因
H	1.对财务部和销售部进行访谈,了解现销中的职责分离,若无,则询问相关补偿性控制 2.询问相关部门销售退回的流程
I	1.询问财务部相关人员关于销售退回引起应收账款冲回的操作流程 2.从应收账款贷方的转账凭证中用判断抽样法抽取___份凭证样本,检查凭证制作人及复核人签字 3.跟踪相应的销售退回单、入库单等原始单据,检查入账时间是否正确、单据内容是否与凭证相符
J	1.检查销售退回登记表,看是否对已进行账务处理的项目进行登记 2.从销售退回单中用判断抽样法抽取___样本,跟踪至销售退回登记本的记录 3.检查销售退回单,确认其是连续编号的 4.跟踪至入库单、凭证及应收账款明细账,看入账时间及入账内容是否相符
K	1.抽取会计期末前___天至会计期末后___天期间所有的销售退回单 2.跟踪至相应的入库单、凭证及会计账目,检查单据内容是否一致,入账会计期是否正确
L	从已经归档的销售退回文档中用判断抽样法抽取___份文本,通过日期追踪相关的红字发票或销售原发票,查核是否及时取得,若无红字发票或销售原发票,查核原因

续表

程序	程序操作说明
M	1. 询问财务人员关于收款凭证的制作过程和人员 2. 从应收账款贷方的收入凭证中用判断抽样法抽取___份凭证样本，检查凭证制作人及复核人签字 3. 跟踪相应的银行单据等原始单据，检查入账时间是否正确、单据内容是否与凭证相符
N	1. 对销售部和财务部相关人员进行访谈，了解现金折扣的审批程序 2. 从财务费用的现金折扣明细账中用判断抽样法抽取___份凭证样本，检查其现金折扣的审批手续是否齐全 3. 查看现金折扣的计算是否正确，并跟踪至对应的应收账款明细账及银行账，检查入账金额是否正确
O	1. 询问相关部门，了解应收催款的程序 2. 检查超过信用条款客户清单，看是否有制作人及相关管理人员的签字 3. 从超过信用条款的客户清单中用判断抽样法选取___个样本，跟踪至相应的催收信件或者催收的其他措施
P	1. 从系统中或者管理层处获得经过信用批准的客户清单 2. 从应收账款明细清单中用判断抽样法抽取___客户样本，对照1中取得的客户清单，检查客户是否属于该清单范围
Q	1. 询问财务部是否每月制作应收账款账龄分析表 2. 检查最近三个月的应收账款账龄分析表，看是否有制作人及复核人签字
R	1. 了解坏账核销的流程和审批程序，对已核销坏账有无继续追溯的制度 2. 检查所有坏账核销凭证，跟踪至相应的审批单，检查审批手续是否齐全
S	1. 询问财务部人员对于应收账款为负数的调整流程 2. 检查年末应收账款明细账，检查对所有负数余额进行的调查，并跟踪至年末报表，确认已进行必要的重分类调整

7.8 销售退回

7.8.1 内部控制评价要求

销售退回内部控制评价要求如表7-14所示。

表7-14 销售退回内部控制评价要求

控制目标	风险	控制活动	相应审计程序
销售退回的政策根据市场和竞争者的情况制定，符合国家的法律规定，反映了管理层的意志	●存货周转率的下降 ●销售额的减少 ●公司竞争力的下降 ●管理层意图无法贯彻执行	销售退回政策由相关部门，如市场部，参考行业标准和国家法律法规进行制定	A
		销售退回政策经过高级管理层的审批，并且下发到销售部、仓库和财务部执行备查	A
		销售退回政策经过公司法律顾问的复核，确保不和国家的法规相违背	A
仓库接受经适当审批的销售退回货物	●不符合公司退货政策的销售退回 ●未经授权的销售退回 ●公司资产的损失	公司由独立于销售部的部门根据退回政策接收和处理退回申请	B
		公司有书面的销货退回申请单，管理层签字授权后仓库才会接收和处理货物退回	C
减少销售退回的损失	●公司资产的损失	管理层定期复核销售退回的货物，并分析退回原因	B
销售退回的货物符合公司政策	●损毁货物的退库 ●退库货物数量的短缺 ●公司资产的损失	只有经过质量检验的销售退回货物才能够办理退库	D
		仓库办理退库时，进行数量的清点，并与申请退库数量相核对	D

7.8.2 审计程序

销售退回内部控制审计程序与说明如表7-15所示。

表7-15 销售退回内部控制审计程序与说明

程序	程序操作说明
A	1.对市场部、销售部、财务部或其他相关人员进行访谈，了解销售退货政策制定的依据和相关的行业标准及国家规定，以及参与制定政策的人员和下达到部门的情况等 2.获得书面的政策范本 3.对档案进行检查，查看是否有高级管理层的签字或者确认 4.查看是否有法律顾问审核的审计轨迹，如签字等 5.根据了解到的政策下达部门，询问该部门的操作人员对政策的了解程度，评估退货政策在相关部门贯彻执行的有效程度

续表

程序	程序操作说明
B	1. 在和销售退回执行部门的访谈中，了解退货处理的流程，是否按照政策执行退货，了解其职责分离的控制 2. 使用判断抽样法，取得___张退货的入库单，追踪到其相关支持档案，比照政策判断其接受退货的合理性 3. 查看入库单或其他档案上是否有退货的客户/承运人的签字确认 4. 追踪到相应的发票或者红字发票，查看其信息和入库单的一致性 5. 查看管理层是否定期对销售退回进行分析性复核，包括频度、金额以及跟进措施等
C	1. 在和销售退回执行部门的访谈中，了解退货处理的流程，是否有销售退货申请单的使用 2. 使用判断抽样法，取得___张销售退货申请单，追踪到其相关支持文件，如入库单和管理层批示意见等，查看其是否有恰当管理层的签字确认 3. 查看入库单或其他档案上是否有退货的客户/承运人的签字确认 4. 追踪到相应的发票或者红字发票，查看其信息和入库单的一致性 5. 询问管理层销售退回的分级授权流程，并审核该流程是否被执行
D	1. 在和仓库以及质检部门的访谈中，了解其清点退货货物和质量检验的情况以及毁损货物的存货管理 2. 在上述程序B或C的判断抽样中，进一步复核是否有质量检验/品质保证部门的签字确认 3. 查看入库单上仓库的签收数量是否与退货申请一致

7.9 售后服务和客户关系

7.9.1 内部控制评价要求

售后服务和客户关系内部控制评价要求如表7-16所示。

表7-16 售后服务和客户关系内部控制评价要求

控制目标	风险	控制活动	相应审计程序
公司的售后服务政策参考了市场情况和行业标准，符合国家的法律规定，体现了管理层的意志	● 客户关系的损失 ● 客户投诉的增加 ● 内部管理成本的增加	售后服务政策由各相关部门，参考行业标准和国家法律法规进行制定	A
		售后服务政策经过高级管理层的审批，并且下发到销售部、客户服务部和财务部执行备查	A

续表

控制目标	风险	控制活动	相应审计程序
售后服务满足客户的需要，促进销售和市场目标	● 客户满意度的下降 ● 潜在销售机会的丧失	客户服务员工了解市场、销售和客户服务的总体目标	B
		定期进行客户满意度调查，并采取跟进措施	C
迅速而有效率地处理客户的询问、建议和投诉	● 客户满意度的下降 ● 客户关系的损失	公司维护准确、及时的产品和客户信息，并提供给客户服务部门	B
		有一个独立的售后服务部门作为畅通的渠道对外服务于客户	D
		向客户服务部门的员工提供定期的客户服务培训	E
		客户服务部门的员工对产品有必要的了解	B
		客户服务部的组织结构的设置考虑了产品线和地理位置等因素，以较为有效的方式运作管理	D
		对于不符合一般售后服务政策的设有后续处理流程，如相关的审批等	D
		客户投诉有记录并定期加以分析	D
客户服务部使用最新的定价和产品信息	● 向客户提供错误的信息 ● 公司公众形象的损害	客户服务部有最新的产品价格体系表，并下发到员工	B
		客户服务部的代表有权限访问系统中更新的产品价格表	F
		其他	其他
识别潜在的和现存的客户，制定出符合客户要求的市场和客户关系管理策略	● 不完整的客户信息 ● 客户资源的损失 ● 市场竞争力的下降	执行市场调查	C
		市场部评估定价战略，与相近的竞争对手进行产品和定价比较	G
		高级管理层讨论并就市场策略和客户关系策略达成一致	G

7.9.2 审计程序

售后服务和客户关系内部控制审计程序与说明如表7-17所示。

表7-17 售后服务和客户关系内部控制审计程序与说明

程序	程序操作说明
A	1.对售后服务政策的制定部门进行访谈，了解政策制定的过程、参与的人员，以及所考虑的主要因素 2.获得书面的政策档案，查看是否有高级管理层的复核意见和签字确认 3.对客户服务部门进行访谈，评估其了解和执行政策的程度
B	1.对客户服务部的客户代表进行访谈，评估其了解公司市场和销售总体目标的程度 2.对照获得的最新价格体系表，询问客户代表对公司产品和价格的了解程度，了解其是否能够获得公司最新的价格和产品信息
C	1.对市场部和客户服务部进行访谈，了解其进行市场调查、客户满意度调查等问卷调查的政策和开展调查的流程 2.检查相关的文件，如调查报告、记录、政策、授权和审批调查的档案等，确认经过恰当的管理层复核，记录完整而有效
D	1.对客户服务部的管理层和基层员工进行访谈，了解其组织结构的设置方式及原因 2.获得书面的档案进行复核，如部门的组织结构图、客户服务部的管理报表等 3.评价其运作管理模式对于处理客户询问效率的优劣 4.询问客户服务部的管理层，了解客户特殊投诉的审批流程 5.获得客户投诉记录以及客户服务部对此类情况的分析资料
E	1.对客户服务部的客户代表进行访谈，询问其接受公司提供的培训和业务指导的情况 2.获得书面的档案进行复核，如培训的考勤记录、培训日志、培训数据等
F	1.询问IT人员，了解系统中产品价格体系的访问权限的控制 2.获得可以访问系统产品价格主文件的人员清单，复核是否包含有客户服务部的人员
G	1.对市场部和高级管理层进行访谈，了解其市场策略、定价策略和客户关系策略，以及市场部采取的达成策略的措施 2.复核相关文件，如书面的策略文件、高级管理层会议纪要、市场调查的报告和记录、对手的研究比较分析报告等 3.复核相关的策略文件是否有高级管理层的签核，会议纪要是否有大多数高级管理层的参与

7.10 客户档案的建立、更新和复核

7.10.1 内部控制评价要求

客户档案的建立、更新和复核内部控制评价要求如表7-18所示。

表7-18 客户档案的建立、更新和复核内部控制评价要求

控制目标	风险	控制活动	相应审计程序
保证客户档案及时、准确、完整地反映客户信息数据	●错误的客户信息 ●客户资源的损失 ●内部管理成本的增加	管理层定期复核客户档案中所包含信息的准确性和相关性	A
		有政策规定销售部门或其他客户信息的来源部门及时把客户信息的变化反馈给档案维护人员	B
只有正确有效的信息可以被录入到客户档案中	●未经授权的修改 ●错误的客户信息	所有客户档案的修改都必须填写正式的变更申请表,并归档备查	C
		由专人对客户档案变更申请表进行核对或直接与客户确认以保证其正确性	C
		管理层批准客户档案变更申请表后,再进行客户档案的更新	C
所有正确有效的修改都被及时、准确地记录到客户档案中	●不完整的客户信息 ●客户资源的损失	客户档案信息变更申请连续编号	D
		管理层定期审核客户档案以保证其完整性	A
客户档案可以在需要时为使用者提供相关的信息	●关键信息得不到有效利用 ●关键信息的丢失	基于"工作需要"的原则,客户档案被授权给使用者	E
		客户档案有专人负责维护,并有完善的备份制度	F
		管理层定期审核客户档案以保证其可以反映客户的真实情况	A
只有经过适当授权的人员才能使用或修改客户档案	●未经授权的修改 ●敏感信息的泄露	基于"工作需要"的原则,客户档案被授权给使用者	E
		只有经过管理层授权的用户才能接触系统中的客户主档案	G

7.10.2 审计程序

客户档案的建立、更新和复核内部控制审计程序与说明如表7-19所示。

表7-19 客户档案的建立、更新和复核内部控制审计程序与说明

程序	程序操作说明
A	1.获得书面的管理层定期复核客户档案的政策及程序说明 2.对进行复核的人员进行访谈，了解他们对政策的遵循程度，以及如何定义及发现过时的或不寻常的信息 3.使用判断抽样法，从其复核报告中抽取___张样本，查看其时效性及是否有相应管理人员的签字
B	1.获得客户档案及时更新的有关规定，查看是否关于更新时限的相关规定 2.访谈信息来源部门如销售部门，了解其规定执行情况 3.使用判断抽样法，在客户档案变更申请单中抽取___张样本，追踪到原始的凭据档案，确认变更申请单上的时间和原始单据上的时间差异，与政策相比较
C	1.对客户档案的执行部门进行访谈，了解客户档案的修改流程，是否有与客户进行直接确认的过程 2.对照客户档案修改政策，评估修改流程与政策的符合程度 3.使用判断抽样法，从归档的档案中抽取最近的___张客户档案修改申请表样本，查看是否有相应管理人员的审批签字 4.追踪这些客户档案修改申请表到客户档案，查看档案是否被同步更新
D	1.通过访谈了解公司保证客户档案变更申请被不遗漏地处理的控制措施 2.检查价格变更申请表，确认是否连续编号或测试其说明的完整性措施
E	1.访谈销售部等客户档案使用部门，了解其是否有权限接触客户档案，以及授权的过程 2.获取有权接触客户档案的人员名单，了解名单上人员是否基于"工作需要"原则 3.调查任何例外的情况
F	1.访谈客户档案存档部门，了解是否有管理维护的相关规定，以及实际保管情况 2.若使用系统进行客户档案的管理，则检查该主文件是否纳入了日常的备份计划中
G	1.在IT部门的支持下，了解有关接触客户档案权限的有关规定 2.在IT支持下，获得可以接触系统中客户主档案的人员的名单 3.确定名单上的人员都得到必要的授权，并判断名单上的人员都有必要接触客户主档案 4.对名单上的人员采用判断抽样法，选取___个用户，追踪到书面的授权申请书上，检查管理层的签字确认

第8章

业务内部控制审计——采购及费用

8.1 业务流程概要

8.2 供货商/承包商的选择和档案管理

8.3 采购定价

8.4 采购计划的订立、审批及修改

8.5 采购合同的订立、审批及修改

8.6 购货程序

8.7 应付账款和购货付款

8.8 购货的入库和退回

8.9 费用的处理（费用的审批、报销和截止）

8.1 业务流程概要

采购及费用业务流程包括图8-1所示审计子项。

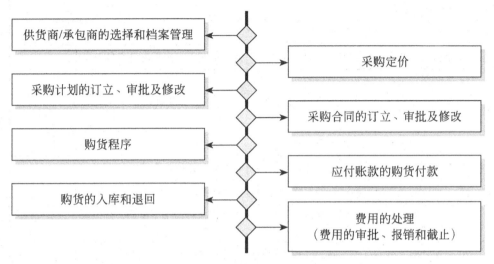

图8-1 采购及费用业务流程审计子项

内部审计人员在对公司的采购及费用业务进行内部控制审计前,应制定调查问卷(如表8-1所示)并开展调查

表8-1 采购及费用业务调查问卷

问题	回答记录
1.公司有无书面的采购操作流程文本?	
2.公司的采购类型或方式有哪几种?	
3.负责采购的部门有哪些?分别负责何种类型的采购?	
4.采购部门的组织结构是怎样的?是否定期进行人员轮换?	
5.公司一般的购货流程是如何运转的?	
6.公司如何选择供货商?是否有相关的政策?	
7.供货商档案的保管采用何种方式?有无保密措施?	
8.采购商品的定价如何确定,是否包括在供货商主档案中?	
9.供货商资格是否需定期审核?若是,请介绍一下审核的程序。	

续表

问题	回答记录
10.供货商档案的授权接触控制是如何设置的？ a.使用系统的逻辑接触控制。 b.手工管理的档案是否有相关的保密政策，并由专人管理。	
11.公司是否每年制订采购计划，请介绍一下制订的流程？是否依据生产和营销计划来制订采购计划？	
12.采购计划的变更是否经合理的批准？	
13.是否所有的采购都需制订合同？如不是，何种情况下一定需制订合同？	
14.采购合同制订的流程是怎样的？	
15.由谁在采购合同上签字？若非法人代表，则是否有法人代表的书面授权程序？	
16.采购合同的变更是否经合理的批准？	
17.公司如何确保采购合同是与有资格的供货商签订且定价是合理的？	
18.采购合同是否采用格式合同？格式合同是否经法律顾问审核？	
19.是否所有采购合同需经法律部门审核？如不是，何种情况下采购合同需经法律顾问审核？	
20.采购合同（采购订单）的归档和保管程序如何？是否连续编号？	
21.请介绍一下采购需求从提出、审批通过到采购部进行处理的过程。	
22.公司是否定期核对采购计划执行情况？	
23.超采购计划的采购需求是否经合理的批准？	
24.紧急采购的流程是什么？	
25.公司的询价程序如何进行，是否有书面的记录？	
26.采购部门如何与仓库、财务部门衔接？（从物流和信息流两方面）	
27.财务记录应付账款前是否核对合同（或订单）、入库单据、发票等资料？	
28.是否有控制过程来保证应付账款及其对应的存货采购记录于同一个会计期间？	
29.采购运输的方式是：（可以多选） a.公司自提 b.客户运输到公司处 c.委托承运人	
30.仓库收货时是否核对采购合同（或订单）？	
31.收到采购产品的数量是否经过采购部和仓库的共同确认？	
32.是否有质量检验部门对收到的产品进行质量检验？	
33.客户送货大于定购数或质量不符合要求，如何处理？	

续表

问题	回答记录
34. 采购退回的操作程序如何?	
35. 入库单是否事先连续编号,并有人对归档的这些单据的连续性进行检查?	
36. 是否至少每月制作应付账款账龄分析表?	
37. 公司如何确保使用供货商提供的现金折扣?	
38. 公司是否有资金使用预算?应付账款的支付是否符合资金使用预算?	
39. 公司是否有书面的费用报销程序?	
40. 公司费用报销的审批是否有适当的授权?	
41. 财务部门在支付费用前,是否合理地核对审批手续是否完整,并检查原始单据的合法性,复核费用的准确性?	
42. 预付款的政策和控制措施是怎样的?	
43. 是否有专人定期对费用的波动情况进行分析?	
44. 在现在的工作中,您最担心或最关心的事是什么?	

8.2 供货商/承包商的选择和档案管理

8.2.1 内部控制评价要求

供货商/承包商的选择和档案管理内部控制评价要求如表8-2所示。

表8-2 供货商/承包商的选择和档案管理内部控制评价要求

控制目标	风险	控制活动	相应审计程序
供货商/承包商的选择符合公司的经营目标和最大利益	● 产品质量问题 ● 材料数量与供货时间无法得到保证 ● 价格偏高 ● 售后服务压力增加 ● 潜在的舞弊可能 ● 生产停顿	公司制定供应商分类标准(如长期和临时),并制定不同类别的管理方法	A
		公司制定选择供货商/承包商的基本标准(主要应考虑供货商的供货能力、原料质量及各项指标的合格情况、价格与付款条件、财务状况、管理能力、持续经营能力等),使之书面化,并经管理层审批通过	A

续表

控制目标	风险	控制活动	相应审计程序
供货商/承包商的选择符合公司的经营目标和最大利益	●产品质量问题 ●材料数量与供货时间无法得到保证 ●价格偏高 ●售后服务压力增加 ●潜在的舞弊可能 ●生产停顿	由各相关部门（如采购部、财务部、质量管理部、企业管理部、生产技术部、实验室等）组成评选小组对供货商/承包商进行评估讨论，衡量各供货商的能力及条件，在供货商/承包商评价表中记录有关各供货商/承包商的供货质量、供货及时性、货款价格等各方面的反馈信息，各部门负责人应在供货商/承包商评价表上签字确认部门意见，选出合适的供货商，合格供货商名单经管理层审核批准后生效	B
		采购部应随时多渠道地收集公司潜在供货商/承包商的相关信息，并建立信息档案备查，根据获取的潜在供货商/承包商信息填写供货商/承包商评审表，相关信息包括供货商/承包商的简介、主要产品及价格、竞争优势等，并由管理层审阅并签字确认	A
供货商/承包商的更新符合企业的规章制度	●供货商/承包商不再符合公司要求	对入库和生产过程中发现的原材料质量问题，以及随之产生的产品质量问题进行跟踪和监控，及时与供货商/承包商沟通产品质量、售后服务等问题，并予以跟进	C
		定期（至少一年一次）汇总材料使用情况，对供货商/承包商进行评价（材料质量、交货时间、售后服务等），形成评价报告，并经管理层审批后生效，对于不合格的供货商/承包商，应及时更新修改供货商/承包商名单	D
对供货商/承包商数据的修改须正确、及时、完整	●供货商数据不准确 ●仍使用已不合要求的供货商/承包商	对供货商/承包商数据的更改由专人进行，且需经适当的管理层审批更改后的资料，由独立于更改者的人员复核，确保其正确性	E
供应商/承包商档案保密	●供应商/承包商信息的泄露 ●公司遭受损失	制定对供应商/承包商档案的保密政策	F
		使用系统的逻辑控制限制供应商信息的接触	G

8.2.2 审计程序

供货商/承包商的选择和档案管理内部控制内部审计程序如表8-3所示。

表8-3 供货商/承包商的选择和档案管理内部控制内部审计程序

程序	程序操作说明
A	1.对采购部经理进行访谈，了解供应商分类的标准以及选择供货商/承包商的标准和流程，包括以下几点 （1）标准的制定方法和制定人（如质量标准由质量部门、生产技术部或试验室制定，价格标准由财务部制定等）及制定的标准（如供货质量、供货及时性、货款价格、生产能力、信誉等） （2）候选供货商的数量 （3）选择过程（如是否经过招标、是否先经小规模试生产、是否由各部门综合评价等） （4）所使用的档案（如书面政策、询价单据、评审表等） （5）选择的标准及流程是否有改变及改变的频率 （6）符合标准但未列入最终名单的供货商/承包商是否列入潜在供货商名单 2.取得公司选择供货商/承包商的书面政策，查看是否经管理层审批，并与以上了解到的程序比较是否有出入 3.根据了解到的政策下达部门，询问该部门的操作人员对政策的了解程度
B	1.取得公司的供货商名单，查看是否经过管理层的审批 2.采用判断抽样法抽取___家供货商，查看相应的单据（如评审表等），判断是否经过公司规定的选择流程 3.采用判断抽样法随机抽取___张采购发票，查看是否全部从列入名单的供货商处采购
C	1.对生产部门及采购部门进行访谈，了解对原料的质量问题如何监控，如是否将其记录在案并及时向供货商反馈 2.采用判断抽样法随机抽取___个反馈记录，查看是否及时与供货商沟通和改进情况，以及是否在对供货商的评价报告中有所反映
D	1.对采购部经理进行访谈，了解更新供货商/承包商的标准和流程 （1）对供货商/承包商的定期复核频率 （2）对供货商/承包商的复核程序与方法（如评价报告等） 2.采用判断抽样法从供货商清单中抽取___家供货商，查看相应的评价报告，判断是否经过公司规定的定期复核流程 3.从评价报告中寻找不合格的供货商，查看是否还在最新的经管理层批准的合格供货商名单中 4.查看不合格的供应商名单及相关档案是否有所保存

续表

程序	程序操作说明
E	1. 对采购部、IT部等相关部门进行访谈，了解供货商数据更改的政策与流程，使用的单据、审批人等 2. 采用判断抽样法抽取___个数据更改记录，查看更改人是否经过适当的授权，更改的记录是否辅有相应的批准与审核单据，资料的更改是否及时
F	1. 询问采购部有无对供应商/承包商档案保密的政策，并获得书面文本，复核管理层的确认 2. 访谈采购部门具体业务人员，评价供应商保密政策的执行情况
G	1. 访谈IT人员，了解系统中供应商档案控制的情况 2. 在IT人员的帮助下，获得可以访问供应商档案人员的名单 3. 了解、评估名单所列人员授权的恰当性

8.3 采购定价

8.3.1 内部控制评价要求

采购定价内部控制评价要求如表8-4所示。

表8-4 采购定价内部控制评价要求

控制目标	风险	控制活动	相应审计程序
采购定价是合理的，并且符合公司政策	● 造成公司资产损失 ● 产生舞弊的可能	采购定价经过适当的询价程序，并有书面的询价记录	A
		产品采购定价需经适当的管理层审批	A
		公司制定产品的基准采购价格，实际采购价格不应超过基准价格一定的幅度	B
		采购合同（或订单）签订前由专人核对价格是否与公司预先制定的价格相符	B
		采购合同需经适当的管理层批准后执行	B
		基准采购定价应定期更新，基准采购定价的更新应经管理层批准	C

8.3.2 审计程序

采购定价内部控制内部审计程序如表8-5所示。

表8-5　采购定价内部控制内部审计程序

程序	程序操作说明
A	1.询问采购部门或其他相关部门采购定价的询价程序 2.从公司采购产品基准价格表中用判断抽样法抽取＿＿个样本，跟踪至询价记录，检查基准价格的确定是否正确，并检查询价记录的操作人及审核人的签字，以及基准价格批准人的签字
B	1.询问采购部门或其他相关部门制定采购价格的遵循程序 2.获得并审核采购基准价格的权限浮动表 3.从采购合同（或订单）中用判断抽样法抽取＿＿份采购合同样本，检查其价格是否与基准价格相符或与公司的询价结果相符，并检查相关人员的签字及批准采购合同（或订单）人的签字
C	1.询问采购部门或其他相关部门采购定价的定期更新的相关程序 2.检查公司采购产品基准价格表，检查其价格是否定期更新，是否有管理层的签字确认

8.4 采购计划的订立、审批及修改

8.4.1 内部控制评价要求

采购计划的订立、审批及修改内部控制评价要求如表8-6所示。

表8-6　采购计划的订立、审批及修改内部控制评价要求

控制目标	风险	控制活动	相应审计程序
有计划的采购行为	● 存货资金占用过多或缺货 ● 影响生产及销售	确定采购计划制订的依据经管理层批准	A
		根据批准后的制订依据设定适当的采购计划编制流程	A
		根据批准的年度生产计划以及存货情况，编制年度采购计划并分解，由适当的管理层批准	A

续表

控制目标	风险	控制活动	相应审计程序
有计划的采购行为	● 存货资金占用过多或缺货 ● 影响生产及销售	定期调整采购计划与当期生产计划相符合，由适当的管理层批准	B
		采购计划的变更需要有依据，并且由相关部门复核后由管理层批准	B
		计划外的采购必须由相关部门复核后由管理层批准	B
采购计划符合生产需要	● 不能满足生产需要 ● 影响生产及销售	采购计划应包括以下内容：采购品种、数量、价格、质量要求以及批量进度安排	A
		采购计划确定及变更后应送至生产部备案	A/B
		采购部定期编制实际采购与计划的差异报告，详细说明存在的重大差异，由适当的管理层审阅	C
采购进度适应资金状况	● 资金无计划 ● 资金低效率运作	采购计划中包含资金的预算，财务部参与编制过程，协调资金需求的可行性与购货紧迫性之间的关系	A
		采购计划确定及变更后，应送至财务部备案	A/B
		财务部资金计划差异报告中单列采购资金计划与实际比较数据	C

8.4.2 审计程序

采购计划的订立、审批及修改内部审计程序如表8-7所示。

表8-7 采购计划的订立、审批及修改内部审计程序

程序	程序操作说明
A	1.对采购部相关人员进行访谈，了解采购计划制订的依据和程序等 2.获得书面的采购计划制订政策的范本 3.对照采购政策，评估采购计划流程的符合程度 4.对生产部门、财务部相关人员进行访谈，了解他们对采购计划的参与程度 5.查看年度采购计划的内容是否完整（包括采购品种、数量、价格、质量要求、批量进度安排以及资金计划），是否有高级管理层的签字或者确认 6.在生产部门、财务部查看采购计划，是否与采购部门的计划一致

续表

程序	程序操作说明
B	1.获得月/季度采购计划,检查其是否与年度采购计划的批量进度一致 2.对生产部门相关人员进行访谈,了解生产计划的变更情况,获得生产计划变更文件 3.对采购部相关人员进行访谈,了解采购计划变更的依据和程序等 4.审阅更新的采购计划,查看是否有相应的变更依据以及管理层的审批签字 5.从生产部门、财务部取得变更后的采购计划,检查是否与采购部门的变更计划一致
C	1.获得采购部每月编制的采购差异报告,查看是否有管理层的审阅记录 2.获得财务部对于采购资金计划与实际的差异报告,查看该差异是否与采购差异一致 3.对采购部相关人员进行访谈,了解差异产生的原因及其对于生产的影响 4.对生产部门相关人员进行访谈,了解采购计划的差异对生产的影响

8.5 采购合同的订立、审批及修改

8.5.1 内部控制评价要求

采购合同的订立、审批及修改内部控制要求如表8-8所示。

表8-8 采购合同的订立、审批及修改内部控制要求

控制目标	风险	控制活动	相应审计程序
公司使用合法、完整的采购合同/订单	●潜在的法律纠纷 ●或有不应承担的约束	公司制定模块化的标准合同模板,标准合同模板由公司法律顾问在相关部门协助下制定,由高级管理层签字批准	A
		公司制定标准采购订单模板,由高级管理层签字批准	A
		法律顾问定期根据国家相关法律法规对标准合同模板/采购订单模板进行复核	B
		合同的制作以标准合同模板为准,按具体需要使用相关的模块,法律顾问审核合同的合法性并签字确认	C
		未使用标准格式的合同应经法律顾问复核	C

续表

控制目标	风险	控制活动	相应审计程序
采购合同/订单的制定符合公司的各项政策及规定以及管理层的意图	●潜在的利益损失 ●不符合管理层的意图 ●未经授权的合同	公司有合同/订单审批制度,该制度明确各合同控制部门审批的方式、权限、程序、责任和相关控制措施,并经高级管理层核准后执行	D
		公司在合同/订单审批过程中使用合同评审单,计划控制、预算控制等部门审核未订合同/订单并在评审单上签字	D
		公司有经管理层批准的分级授权制度,制度中规定相应人员签字权限	E
		经公司高级管理层授权可以代表公司签订合同/订单的人员有公司高级管理层签发的书面授权书	E
采购合同和订单的修改符合管理层的意图	●潜在的利益损失 ●不符合管理层意图 ●未经授权的修改	采购合同的修改需要经过适当的审批及授权	F
		采购订单的修改需经双方书面的确认,并使用审批表来完成这个程序	F
所有签订的采购合同/订单得到妥善的保管	●采购合同/订单的丢失或损坏 ●敏感信息的泄露	采购合同/订单连续编号	G
		供货商签返的合同/订单被妥善地归档保管	G
		合同/订单的借阅有登记簿记录借阅人的签名和日期	G
		采购合同/订单存放地点有足够的物理安全保障	G
		作废的合同与订单被妥善保管	G

8.5.2 审计程序

采购合同的订立、审批及修改内部审计程序如表8-9所示。

表8-9 采购合同的订立、审批及修改内部审计程序

程序	程序操作说明
A	1.访谈公司采购人员，了解公司是否有标准化合同模板/采购订单模板，该范本是否由法律顾问定期复核 2.获得标准化合同模板/采购订单模板，检查是否有高级管理层和法律顾问的签字确认
B	1.获得法律顾问对标准化合同模板/采购订单模板进行复核的记录，检查复核的频率 2.追踪复核记录中的变更到标准化合同模板/采购订单模板，检查变更是否被及时更新
C	1.访谈合同/采购订单制作人员，了解合同/采购订单的制作是否以标准化合同模板/采购订单模板为依据 2.用判断抽样法，抽取___份合同的内部评审单，检查是否有法律顾问的复核确认 3.询问采购部管理层，是否存在未使用标准格式的合同，若有，用判断抽样法，抽取___份未使用标准格式的合同，检查是否有法律顾问的复核确认
D	1.访谈公司管理层，了解公司是否有合同/订单审批制度，并得到高级管理层的认可 2.获得书面审批制度，检查高级管理层的复核确认 3.访谈公司的各合同控制部门，了解合同/订单审批过程是否执行了合同/订单审批制度，使用合同评审表记录合同签订前的各部门控制过程 4.用判断抽样法，抽取___份合同评审表，检查上面是否有各评审部门的签字确认
E	1.访谈公司管理层，了解哪些人员被授权可以代表公司在合同/订单上签字和签章 2.获得被授权的人员名单，检查各人被授权的额度 3.检查被授权人的书面授权书，检查授权书上是否有法人代表的授权签字 4.用判断抽样法，抽取___份合同/订单，对照签字人授权额度，检查是否有签字人超过授权额度的现象
F	1.访谈合同的执行部门，了解合同/订单的修订过程和版本的控制过程 2.获得合同修改的书面证据，如修改批准单，或者是合同审批单，使用判断抽样，抽取___份档案，检查相应部门的审核意见和签字，检查法律部门对于修订合同的意见和签字 3.用判断抽样法，抽取___份经修改的采购订单，是否在更正处有本公司更改人的签字
G	1.访谈采购部相关人员，了解供货商签返的合同/订单的保管情况，了解采购合同/订单的借阅是否有登记 2.检查归档的采购合同/订单是否连续编号，如果有长期未归档的需要查核原因 3.获得合同/订单的借阅登记簿，查看借阅者的签字和日期 4.实地观察采购合同/订单（包括作废的）的保管情况，判断是否有足够的物理安全保障 5.实地观察合同/订单保管地点，是否有足够安全措施

8.6 购货程序

8.6.1 内部控制评价要求

购货程序内部控制要求如表8-10所示。

表8-10 购货程序内部控制要求

控制目标	风险	控制活动	相应审计程序
保证原料的采购数量及质量等符合公司的生产和营运需要	●公司采购了不需用的材料 ●占用公司资金 ●资产利用效率低	原料采购需求需经使用部门及相关部门的管理层批准	A
		设置专人核对采购需求是否与采购计划匹配	B
		超计划采购的审批应经特别授权	B
		设置专人核对采购订单是否经批准的供货商发出,采购价格是否符合公司的定价	C
		采购订单应经适当的管理层批准	C
		设置专人制作采购订单情况汇总表,并定期与采购计划核对,对超采购计划的事项进行跟踪	B
		紧急采购有审批和申报流程,并由专人定期复核、分析频度等	B
保证所有的原材料采购都已按时执行	●公司停产待料 ●公司收入的损失	采购订单是事先连续编号的,并由设置人员定期对归档采购订单的连续性进行检查	D
		对已完成的订单作相应标记,由专人定期检查是否有长期未完成的订单,并进行调查	D
		设置专人制作采购订单情况汇总表,并定期与采购计划核对,对长期未完成订单进行调查	D
保证备品备件、低值易耗品的采购符合公司的政策及使用需要	●公司资源浪费	公司应制定备品备件采购的程序,并设置适当的审批权限	A
		备品备件的采购需经使用部门及有适当审批权限的管理层批准	A
		备品备件采购集中由采购部门执行	E
		备品备件应向经批准的供货商进行采购	E
		设置专人定期制作备品备件采购金额分析表并进行分析,对异常波动进行分析	E

8.6.2 审计程序

购货程序内部审计程序如表 8-11 所示。

表 8-11　购货程序内部审计程序

程序	程序操作说明
A	1. 询问采购部或相关部门采购程序方面的控制流程 2. 从请购单中用判断抽样法抽取＿＿个样本，检查是否有需用部门负责人审核签字，是否经其他管理层人员批准签字
B	1. 询问公司对超计划采购的审批权限规定 2. 询问采购部门或相关部门，公司采购是否有专人定期将采购需求与采购计划进行比较，是否有书面记录 3. 从需求与计划比较记录中，用判断抽样法抽取＿＿个样本，检查比较是否有分析和改进措施的跟进 4. 从采购订单情况汇总表中用判断抽样法抽取＿＿个超采购计划的事项样本，跟踪至相应的调查记录，以及高级管理层的批准记录 5. 询问管理层紧急采购的流程，查核有无专人定期复核和分析紧急采购
C	1. 询问采购部门或相关部门关于采购订单审核的程序 2. 从采购订单中用判断抽样法抽取＿＿个采购订单样本，检查订单是否有复核签字及批准签字，并检查订单是否向经批准的供货商发出，采购价格是否符合公司的定价
D	1. 检查采购订单档案，检查采购订单是否事先连续编号 2. 从采购订单情况汇总表中用判断抽样法抽取＿＿个订单样本，检查完成订单是否有标记 3. 对于长期未完成订单调查其原因
E	1. 对公司的采购部进行访谈，了解备品备件的采购流程和操作部门 2. 获得经批准的合格供货商清单 3. 使用判断抽样法，选取＿＿个备品采购订单样本，与获得的合格供货商列表进行比较，确认订单的对象是在清单上可以找到的供货商 4. 使用判断抽样法，选取＿＿张采购发票，追踪付款发票到供货商，判断是否为经批准的供货商

8.7 应付账款和购货付款

8.7.1 内部控制评价要求

应付账款和购货付款内部控制要求如表8-12所示。

表8-12 应付账款和购货付款内部控制要求

控制目标	风险	控制活动	相应审计程序
只有当定购的服务已被提供，才可以记录应付款	● 不恰当地承担了债务 ● 舞弊的可能 ● 公司资产的损失	服务提供后，应有相关人员在发票上签字确认，并经管理层审核	A
		财务人员核对发票和相应的其他支持文件（如合同、订单等）是否一致，发票的确认及审核手续是否完备，只有符合要求的才可记录应付款	A
		应付款凭证入账前应经制作人以外的财务人员复核	A
		实际服务费用应定期与预算比较，由管理层复核并签字	B
所有采购产品的应付款都正确、完整、及时地（在恰当的会计期内）记录	● 未及时确认负债 ● 公司财务信息不准确	财务人员应核对发票和相应的入库单、订单（或合同）是否一致，各单据的审批手续是否完备，只有符合要求的才可记录应付款	A
		应付款凭证入账前应经制作人以外的财务人员复核	A
		实际采购数量应定期与预算比较，由管理层复核及批准重大的波动	B
		入库单应事先连续编号，并设置人员对其连续使用情况检查	C
		对在会计期前后发生的入库进行追踪和必要的调节，以确保入库产品的应付款记录于正确的会计期	D
		设置专人制作已入库发票未到以及采购产品物权已转至公司但未运达情况清单，并经适当的管理层复核后，预估入账	E
		对于从供货商发来的对账单应与应付款明细账核对，并制作调节表，有差异的应查明原因	F

续表

控制目标	风险	控制活动	相应审计程序
购货付款应符合公司的政策及手续	● 货款支付未符合公司政策 ● 发生舞弊的可能 ● 公司资产损失	支付由申请人提出申请，部门负责人审批，以及按不同金额由不同授权的管理层批准	G
		设置专人审核应付款的支付是否符合公司的资金使用计划	H
		采购支付金额应定期与现金预算进行比较，对重大差异应进行必要的调查	H
		超现金预算的支付应由高级管理层批准	H
确保所有的现金折扣都可充分利用	● 失去现金折扣 ● 公司资产损失	应付款应注明到期日，设置专人定期检查应付款是否到期	I
所有已支付的应付款都正确、完整、及时地（在恰当的会计期内）记录	● 财务信息不准确	应付账款的支付凭证应由制作人以外的财务人员核对相应的审批单据	G
		对于从供货商发来的对账单应与应付款明细账核对，并制作调节表，有差异的应查明原因	F
应付账款正确地披露	● 财务报表披露不准确	会计期末制作应付账款清单，由专人检查余额为负数的明细客户，并在制作报表时做必要的重分类	J

8.7.2 审计程序

应付账款和购货付款内部审计程序如表 8-13 所示。

表 8-13 应付账款和购货付款内部审计程序

程序	程序操作说明
A	1. 询问采购、财务等相关人员，了解服务采购方面的控制流程 2. 从应付账款明细账中，用判断抽样法抽取___个凭证样本，检查是否有制作人及复核人签字，跟踪至相应的发票、合同（或订单），检查审批手续是否完备、内容是否一致

续表

程序	程序操作说明
B	1. 询问实际采购服务与预算比较的控制操作流程 2. 用判断抽样法抽取 3～4 个月的比较书面记录（按审计时间范围为 12 个月为例），检查制作人签字及复核人签字，对超过___%的波动，跟踪至调查分析记录，并作出说明
C	1. 检查入库单，看其是否事先连续编号 2. 查看其是否连续使用和归档
D	1. 向财务部相关人员了解采购应付账款的截止控制流程 2. 抽取会计期末前___天至会计期末后___天期间所有的材料入库单 3. 跟踪至相应的发票、凭证及会计账目，检查单据内容的一致性、入账会计期是否正确
E	1. 询问财务、采购等相关人员有关暂估入账的控制流程 2. 用判断抽样法抽取 3～4 个月的暂估清单，检查制作人及复核人签字，跟踪至相应的入库单、合同（或订单），并跟踪至凭证，检查内容是否一致、入账会计期是否正确 3. 查看在发票到后进行应付暂估的冲回
F	1. 询问是否有与供应商对账的制度 2. 从供货商发来的函证中用判断抽样法抽取___样本，跟踪至相应的调节表，并检查差异调查分析记录
G	1. 询问财务、采购等相关人员有关采购支付的控制流程 2. 从应付款的借方支付凭证中用判断抽样法抽取___份凭证样本，检查凭证制作人及审核人签字，并跟踪至支付的审批记录，检查申请人签字、部门负责人签字及管理层批准
H	1. 询问采购支付与现金预算比较的控制操作流程 2. 用判断抽样法抽取 3～4 个月的采购实际支付与现金预算比较书面记录（按审计的时间范围为 12 个月），检查制作人签字及复核人签字，对预算跟踪至高级管理层的审批记录及调查分析记录
I	1. 询问财务人员制作应付账款到期表的控制 2. 用判断抽样法抽取 3～4 个月（按审计时间范围为 12 个月为例）应付账款到期表，检查制作人及复核人签字，并检查是否有过期未付的应付款
J	1. 询问年末应付账款负数的处理过程 2. 检查年末应付账款明细账，对所有负数余额进行调查，并跟踪至年末报表，确认已进行必要的重分类调整

8.8 购货的入库和退回

8.8.1 内部控制评价要求

购货的入库和退回内部控制要求如表8-14所示。

表8-14 购货的入库和退回内部控制要求

控制目标	风险	控制活动	相应审计程序
仓库接收的货物与经批准的订单相符	● 接收不需要的产品 ● 接收质量不佳的产品 ● 占用公司资金 ● 公司资产损失	收货时,收货人员核对产品的规格、型号、数量是否与经过批准的采购订单相符	A
		收货人以外的人员应复核收货人的清点工作,审核收货人填写的入库单,并在入库单上签字	A
		公司建立产品质量检验程序,对需质量检验的产品,应按规定及时检验,并有书面的检验记录	B
不符合采购订单的供货商送货,按公司政策及时处理	● 接收了不需要的产品 ● 接收了质量不佳的产品 ● 占用公司资金 ● 公司资产损失	公司建立处理不符合采购订单的供货商送货的相关政策	A
		仓库不接收不符合订单要求如规格、型号及超订单数量、质量等情况的产品,除非经过特殊授权	A
		不符合订单要求的产品应在规定时间内及时退回	A C
		接收不符合采购订单的供货商送货应经授权的管理层批准,并有书面的批准记录	C
		应退回的产品应在专门区域保管,并有明确的标记	D
已收产品的退回经过合理的手续	● 客户不承认收到退货 ● 公司资产损失	所有运输产品的交通工具出厂都应经安全人员检查放行手续是否完备	E
		所有出库的产品应有适当的签收	F
		适当管理层对退回货物的损失进行核准,并定期分析发生原因	F

续表

控制目标	风险	控制活动	相应审计程序
收货及退回正确、完整、及时地记录	• 收货、退货记录不准确、不及时 • 信息不正确造成采购决策失误	收货人以外的人员应复核收货人的清点工作，审核收货人填写的入库单，并在入库单上签字	A
		入库单是事先连续编号的，并定期检查其是否连续使用	G
		采购退回的单据是事先连续编号的，并定期检查其是否连续使用	G
		对在会计期末前后发生的收货及退货进行追踪和必要的调节，以确保仓库账上收货及退回的记录在正确的会计期内	H
		仓库应及时将入库及退回的信息传递给采购部门、生产部门、财务部门等相关部门	I

8.8.2 审计程序

购货的入库和退回内部审计程序如表8-15所示。

表8-15 购货的入库和退回内部审计程序

程序	程序操作说明
A	1.询问仓库及相关人员关于入库及退回方面的控制流程 2.从归档的入库单中用判断抽样法抽取____个入库单样本，检查入库单是否有制作人及复核人签字，并跟踪至相应的采购订单，核对入库单上的产品规格、型号、数量是否与采购订单相符
B	1.询问仓库及相关人员关于公司产品检验的相关流程，有哪些属于免检产品的范围 2.在审计程序A2抽取的样本中，对所有须检验的产品，跟踪至相应的检验记录，检查检验手续是否符合公司政策
C	1.在审计程序A2抽取的样本中，对所有发现的入库单上的产品数量大于采购订单量或其他规格、型号等的不符情况，跟踪至授权管理层批准接收的书面记录，或跟踪至相应的退回单据 2.若发现检验不合格产品，跟踪至授权管理层批准接收的书面记录，或跟踪至相应的退回单据
D	实地观察仓库的安排，检查应退产品是否放置于专门的区域，并有明显的标记

续表

程序	程序操作说明
E	1. 询问相关部门如保安部和仓库等，了解出库货物的大门放行程序 2. 有书面放行记录，用判断抽样法抽取＿＿个样本，检查产品发运的放行记录 3. 无书面放行记录，则实地观察产品发运的放行情况
F	1. 向仓库人员了解出库单是否有收货签收 2. 使用判断抽样法，从归档的出库单/发货单据中抽取＿＿个样本，检查是否有收货签收 3. 询问适当管理层退回货物损失的审批程序 4. 获取退回货物的申报表，检查是否有适当管理层的签字 5. 获得退回货物的分析资料，如损失率分析表等，查核分析是否合理
G	检查入库单/退回单据，看其是否连续编号
H	1. 抽取会计期末前＿＿天至会计期末后＿＿天期间所有的入库单，跟踪至相应的仓库账，检查其内容是否记录正确，且记录于正确的会计期 2. 抽取会计期末前＿＿天至会计期末后＿＿天期间所有的退回单据，跟踪至相应的仓库账，检查其内容是否记录正确，且记录于正确的会计期
I	1. 询问公司仓库与采购部门、生产部门、财务部门等相关部门信息沟通的政策及流程 2. 如有书面的记录，查阅相关的书面记录，并评估其合理性

8.9 费用的处理（费用的审批、报销和截止）

8.9.1 内部控制评价要求

费用的处理（费用的审批、报销和截止）内部控制要求如表8-16所示。

表8-16 费用的处理内部控制要求

控制目标	风险	控制活动	相应审计程序
费用的批准程序符合公司管理制度	● 未经授权的费用支出 ● 运营成本的增加	公司制定书面的费用审批流程和制度（包括费用审批权限、报销政策等）	A
		部门所有费用由部门主管审批，部门主管的费用由其上级领导审批	A
		费用报销单应由具备相应权限的审批人批准并签字确认	B

续表

控制目标	风险	控制活动	相应审计程序
有效批准费用的支出	●运营成本的增加 ●管理层对支出的控制失效	预算内费用按公司一般费用审批程序批准	B
		预算外的费用应通过额外的审批程序批准或不予批准	B
		定期复核预算外费用发生的合理性和频度	B
只接受经有效批准并实际发生的费用的报销	●未经授权的费用支出 ●管理层对支出的控制失效	审核费用报销单是否经过部门主管或额外批准程序的批准	B
		（1）审核费用报销单是否按照公司管理制度的要求填写 （2）将费用报销单与所附的发票、入库单等原始单据进行核对，审批原始单据的合法性并签字确认	B
费用被正确、完整、及时地录入	●录入错误的会计期间 ●录入错误的会计科目	（1）按费用的性质和实际发生的日期，录入正确的会计科目和会计期间 （2）财务主管人员对费用凭证及附件进行复核并签字确认	B

8.9.2 审计程序

费用的处理（费用的审批、报销和截止）内部审计程序如表8-17所示。

表8-17 费用的处理内部审计程序

程序	程序操作说明
A	1.对财务部或其他相关人员进行访谈，了解费用审核流程、相关制度及执行状况等 2.获得被审计单位书面的费用审核流程或政策，并复核该流程或政策的完整性和管理层的确认
B	1.获得费用报销单范本 2.使用判断抽样法，从费用明细账中抽取___个样本，追查到费用审核表、发票及其他原始单据，查看是否与明细账一致，费用审核表的填写是否符合公司管理制度的要求，费用审核表是否按权限经费用支出部门主管、财务人员审批，超出预算的费用是否经过额外程序的审批，原始发票是否与费用报销单一致，费用是否记入适当的会计期间 3.评估费用处理是否符合公司政策 4.获取预算外费用发生的原因、频度等的相关分析报告，并评估其合理性

第9章

业务内部控制审计——存货的管理

- 9.1 存货的管理业务流程概要
- 9.2 原材料入库
- 9.3 在产品和原材料的出库
- 9.4 在产品和产成品的入库
- 9.5 产成品出库
- 9.6 存货的内部转移
- 9.7 货品账目和盘点
- 9.8 残次冷背存货的管理
- 9.9 存货保安（存货保险、人员、防火通风、存放外仓等）

9.1 存货的管理业务流程概要

存货业务流程包括图9-1所示审计子项。

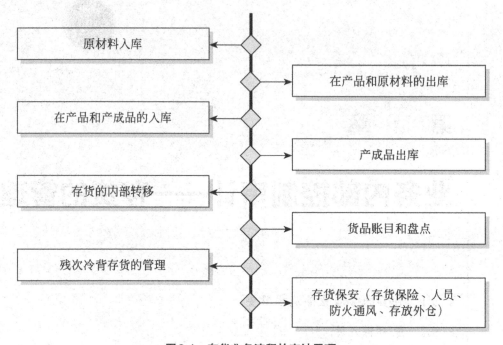

图9-1 存货业务流程的审计子项

内部审计人员在对公司的存货业务进行内部控制审计前,应制定调查问卷(如表9-1所示)并开展调查。

表9-1 存货业务调查问卷

问题	回答记录
1.仓库的组织架构是怎样的?(归口部门、人员组成、职责分工)	
2.公司存货的主要性质、类别(原材料/备件/低值易耗品/在产品/产成品)	
3.是否有来料加工、委托加工的过程?若有,请介绍其操作流程	
4.公司是否有书面的仓库操作流程或收发货流程?	

续表

问题	回答记录
5.原材料（包括备件、半成品和低值易耗品）的入库流程 a.收货前是否收到采购部门的收货通知或采购订单？ b.到货时是否按收货通知或采购订单进行签收、点数、称重、外观检查？货品与订单不相符如何处理？ c.是否有独立的货品待收区域？ d.入库前是否须经过质检？ e.入库单的签发过程是怎样的？ f.入库单是否预先连续编号并连续使用？ g.入库单据的联次及各联次的流转是怎样的？ h.月末是否与采购部门进行对账？对账差异是否进行调查和跟进？	
6.原材料（包括备件、半成品和低值易耗品）的发出流程 a.原材料/半成品是否根据生产计划发出？ b.领料单是否经领用部门主管签字？ c.发料时是否进行签收？ d.领料单是否预先连续编号并连续使用？ e.领料单据的联次及各联次的流转是怎样的？ f.月末是否与领用部门进行对账？对账差异是否进行调查和跟进？	
7.原材料的管理流程是否考虑了库存量警戒线过高、过低的问题？	
8.产成品和半成品入库的流程 a.是否根据生产部门的生产计划接收产成品和半成品？ b.产成品入库前是否经过质检？ c.产成品入库单的签发依据、过程是怎样的？ d.产成品入库单是否预先连续编号并连续使用？ e.产成品入库单据的联次及各联次的流转是怎样的？ f.月末是否与生产部门进行对账？对账差异是否进行调查和跟进？	
9.产成品发货的流程 a.产成品发货的依据是否按照销售部门的发货通知单或其他类似单据？ b.备货过程是怎样的？是否有独立的待发区域？ c.出库单的签发流程是怎样的？ d.出库单是否预先连续编号并连续使用？ e.出库单据的联次及各联次的流转是怎样的？ f.发货的数量品种是否经仓库管理员和运输人员/客户的签字确认？ g.月末是否与销售部门进行对账？对账差异是否进行调查和跟进？	
10.仓库台账的记录使用手工账还是系统账？是否以原始单据作为记账的依据？ a.如何进行对系统账的接触/输入控制？ b.台账必须记录的存货信息有哪些？	

续表

问题	回答记录
11. 台账由谁记录？是否实时记录？如何控制交易录入正确的截止期？	
12. 是否有货品内部移库的业务？移库的流程如何？ a. 移库是否使用调拨单？ b. 调拨单由谁批准？ c. 调拨单的发出/收入数是否经双方仓库的确认？ d. 调拨单是否预先连续编号并连续使用？ e. 调拨单的联次及各联次的流转是怎样的？ f. 月末调出调入仓库是否进行对账？对账差异是否进行调查和跟进？	
13. 库房报表的制作过程 a. 报表是系统自动生成还是手工制作？ b. 报表和实物是否相符？ c. 报表是否经仓库主管复核签字？	
14. 报表递交财务的周期如何？财务账与仓库台账的核对周期是怎样的？差异的调查和处理流程是怎样的？	
15. 盘点的流程 a. 盘点的周期、盘点的组织、盘点范围、盘点清单的准备等是怎样的？ b. 是否有财务人员进行监盘？ c. 盘点记录、盘点汇总表/盘点报表如何形成？是否经过监盘人员和盘点人员的签字确认？	
16. 盘点差异的账务调整是否经过管理层的批准？	
17. 是否有外仓或者委托代销商品？对于这些存货如何进行管理？外仓管理人员的隶属关系（公司内部职员/外包人员）是怎样的？外仓和委托代销品是否进行盘点或者函证？	
18. 仓库的操作管理 a. 各类货品的摆放是否清晰规范？ b. 退货在质检前是否单独堆放？ c. 残次冷背的存货是否有单独的堆放区域？ d. 残次冷背存货的处置程序是否依据管理层的批准？处置现场是否有仓库以外的部门对处置结果共同确认？ e. 每种货品是否有卷标进行标记？ f. 各货架/货位是否有货卡进行标记？ g. 发货时是否依据先进先出的原则？	

续表

问题	回答记录
19.仓库的保安、消防 a.仓库是否有书面保安制度？ b.是否有专职的仓库管理员？ c.如何控制人员的出入？（锁匙系统/门卡）临时人员如何出入仓库？（登记簿/管理员陪同） d.仓库是否保存有单价较高的存货或者易被盗窃的存货？如何保管这样的存货？是否安装有防盗设施？（探头/红外报警器） e.库房是否安装有消防设施？（喷淋系统/火灾报警系统等） f.消防设施是否定期检修？消防设施是否经过消防局的认证？ g.公司是否有危险品/有毒有害品的存货？如何对这些存货进行保管？是否符合国家/行业/公司的有关标准？	
20.存货保险的确定流程 a.如何确定存货保险的范围和金额？ b.存货保险的范围和金额是否经过管理层的批准？ c.保险公司的选择流程是怎样的？保险合同的签订过程是怎样的？ d.保险到期是否有专人负责管理？	
21.财务部门如何进行有关存货的账务处理 a.记录和暂估应付款时是否依据入库单？ b.暂估是在月底入库冲回还是实际入库冲回？ c.记录销售时是否依据出库单？ d.核算成本时是否依据仓库和生产部门的报表及原始单据？ e.计提存货减值准备的政策、依据、金额是否经过管理层的批准？ f.所有存货账面余额、账面价值的调整是否经过管理层的批准？ g.是否存在过渡型账户和相关模块？	
22.原材料已发出，账上已作出库，但仍由车间保管，其相关的保管措施如何？	
23.低值易耗品领用后是否存在相应管理流程，如备查簿制度？	
24.是否存在可以周转使用的包装材料？若有，是如何进行管理的？	
25.残次冷背是如何管理的？	
26.在现在的工作中，您最担心或最关心的事是什么？	

9.2 原材料入库

详细内容请参见第8章"8.8购货的入库和退回"。

9.3 在产品和原材料的出库

9.3.1 内部控制评价要求

在产品和原材料的出库内部控制要求如表9-2所示。

表9-2 在产品和原材料的出库内部控制要求

控制目标	风险	控制活动	相应审计程序
领用单的填写和批准符合公司规程的要求	●运营成本增加 ●公司资产的损失	制定书面的货品领用操作流程，经相关管理层签字，并由操作人员贯彻执行	A
		领用人员填写领料单，并由其部门主管审核签字	B
只对有效的领料单进行发货	●运营成本增加 ●公司资产的损失	仓库保管员审核领料单是否已经适当授权签字确认	B
发货数量和品种正确	●产品的质量下降 ●生产线的停产	仓库保管员按领料单发货，领料人和发料人均在领料单上签字确认实发数	B
准确记录所有在产品和原材料的发出	●不完整的财务信息 ●错误或虚假的财务记录	领料单据应预先连续编号，并且连续使用	C
		保管员应以领料单作为原始凭证，登记在产品和原材料的台账上	B
		仓库保管员与领用部门应定期核对在产品和原材料的发出记录，调查差异原因并采取相应的跟进措施	D
在产品和原材料货卡的信息准确	●错误的存货信息	仓库保管员应及时准确地在在产品和原材料的货卡上更新结存数量	E
		盘点过程中核对货卡的正确性	E

9.3.2 审计程序

在产品和原材料的出库内部审计程序如表9-3所示。

表9-3 在产品和原材料的出库内部审计程序

程序	程序操作说明
A	1.对生产部、仓库保管员或其他相关人员进行访谈，了解原材料、在产品领用/发出的操作流程及执行状况等 2.获得被审计单位书面的原材料、在产品领用/发出操作流程或政策，并复核该流程或政策的完整性和管理层的确认
B	1.获得领料单范本 2.使用判断抽样法，从仓库台账的在产品和原材料发出记录中抽取___个样本，追查到其依据的领料单，查看是否与台账一致、领料单是否连号、填写是否规范，并且是否具备领料部门和仓库保管员的签字 3.评估在产品和原材料发出控制的有效性
C	取得已归档的领料单的仓库联，查看编号的连续性，若不连续，检查原因并评估其合理性
D	1.对生产部、仓库保管员或其他相关人员进行访谈，了解仓库与生产部门的领料对账程序 2.获取在产品、原材料的领用/发出调节表范本 3.使用判断抽样法，抽取___个月的调节表/对账单，查看对账是否有双方确认的签字，对账结果是否有差异，对账双方是否对差异进行调查，调查结果是否合理，必要时对调查结果进行核实 4.评估在产品和原材料发出记录对账控制的有效性
E	1.使用判断抽样法，从存货明细账上抽取___个样本，检查物品货卡的填写是否正确、是否与实盘数一致 2.评估货卡使用的有效性

9.4 在产品和产成品的入库

9.4.1 内部控制评价要求

在产品和产成品的入库内部控制要求如表9-4所示。

表9-4 在产品和产成品的入库内部控制要求

控制目标	风险	控制活动	相应审计程序
只接收经过检验的在产品和产成品	●产成品的质量缺陷 ●客户退货的增加	所有在产品和产成品在入库前需由质检部门检验并在检验报告上签字	A
		仓库保管员应取得相应的检验报告后接收产成品和在产品	A
正确区分和保存不合格品	●产成品的质量缺陷 ●客户退货的增加	不合格的在产品和产成品应有单独的堆放区域,并以不同标签显示与合格货品的区别	B
接收的在产品和产成品数量与品种正确	●生产信息不准确 ●财务信息不准确	仓库保管员清点收到的在产品和产成品之后签发入库单,并由生产部门确认入库数量和品种	C
准确记录所有入库的在产品和产成品	●不完整的财务信息 ●错误或虚假的财务记录	入库单据应预先连续编号,并且连续使用	C
		仓库保管员与生产部门应定期核对在产品和产成品的入库记录,调查差异原因并采取相应的跟进措施	D
在产品和产成品货卡的信息准确	●错误的存货信息	仓库保管员应及时在货卡上登记在产品和产成品的结存数量	E

9.4.2 审计程序

在产品和产成品的入库内部审计程序如表9-5所示。

表9-5 在产品和产成品的入库内部审计程序

程序	程序操作说明
A	1.对生产部、仓库保管员或其他相关人员进行访谈,了解在产品、产成品入库的基本流程,以及产成品、在产品的存放管理要求等 2.获得仓库在产品、产成品质检报告范本,查阅是否有经办人签字 3.使用判断抽样法,抽取___份检验报告,查看是否有质检部门的签字确认,是否填写允收和拒收数量

续表

程序	程序操作说明
B	1.实地观察仓库管理状况，不合格产品的堆放、管理方法及与合格产品的区分 2.评估在产品和产成品存放控制的有效性
C	1.获得入库单范本 2.使用判断抽样法从仓库台账的在产品和产成品收入记录中抽取___个样本，追查到仓库留存的入库单，查看是否与台账一致、入库单是否连号、填写是否规范，并且具备生产部门和仓库保管员的签字 3.评估在产品和产成品入库控制的有效性
D	1.对生产部、仓库保管员或其他相关人员进行访谈，了解仓库与生产部门的对账程序 2.获取在产品、产成品的产出/入库调节表范本 3.使用判断抽样法，抽取___个月的调节表/对账单，查看对账是否有双方确认的签字，对账结果是否有差异，对账双方是否对差异进行调查，调查结果是否合理，必要时对调查结果进行核实 4.评估在产品和产成品入库记录对账控制的有效性

9.5 产成品出库

详细内容请参见第7章"7.6产成品发运"。

9.6 存货的内部转移

内部转移是指：货物和原材料在同一法人的不同仓库（本地或者异地）间的转移。

9.6.1 内部控制评价要求

存货的内部转移内部控制要求如表9-6所示。

表9-6 存货的内部转移内部控制要求

控制目标	风险	控制活动	相应审计程序
所有存货的内部转移满足生产/销售的需要并使公司运营成本最小化	●运营成本增加 ●非必要的存货损耗	公司应制定书面的货品内部转移操作流程或政策,经管理层确认并由操作人员贯彻执行	A
		货品调拨单应由需求部门,如生产/销售部门提请,并经本部门和物流部门主管的批准	B
只处理有效的内部转移请求	●运营成本增加 ●公司资产的损失	调出仓库应复核调拨单的批准签字后方可进行发货	B
正确处理存货的内部转移	●非必要的存货损耗 ●运营成本增加	调出仓库按照调拨单发货,并签字确认实发货品的品种、数量,并保留一联调拨单	B
		调入仓库按照调拨单收货,并签字确认实收货品的品种、数量,并保留一联调拨单	B
所有内部转移的货品在收入方和发出方分别正确记录	●不完整的财务信息 ●错误或虚假的财务记录	调拨单应当预先连续编号,并且连续使用	B
		调出仓库和调入仓库均以调拨单作为原始凭证,登记调拨货品的台账	B
		发出方和收入方应定期核对调拨记录,调查差异原因并采取相应的跟进措施	C
异地内部转移符合国家法规	●违反国家有关规定	异地转移及时开出销售增值税发票	D
存货内部转移或发货运输途中的损耗被正确地计算并责任明确到相关人员	●公司资产的损失	公司制定运输途中损耗率的标准	E
		超过损耗率的损耗要对相关人员追究责任	E
		定期分析损耗的合理性	E

9.6.2 审计程序

存货的内部转移内部审计程序如表9-7所示。

表9-7 存货的内部转移内部审计程序

程序	程序操作说明
A	1.对生产部、销售部、仓库保管员或其他相关人员进行访谈，了解货品内部转移的基本流程以及相关的控制要求等 2.获得被审计单位书面的货品内部转移操作流程或政策，并复核该流程或政策的完整性和管理层的确认
B	1.获得调拨单范本 2.使用判断抽样法从仓库留存的调拨单中抽取＿＿个样本，查看数量和品种是否与台账记录一致、调拨单是否连号、填写是否规范，并且具有调拨单审批部门的签字、调出方和调入方保管员的签字 3.评估货品内部转移控制的有效性
C	1.对生产部、销售部、仓库保管员或其他相关人员进行访谈，了解货品内部转移的对账流程以及相关的控制要求等 2.获得货品调拨发出/收入调节表范本 3.使用判断抽样法，抽取＿＿个月的调节表/对账单，查看对账是否有双方确认的签字，对账结果是否有差异，对账双方是否对差异进行调查，调查结果是否合理，必要时对调查结果进行核实 4.评估货品调拨记录对账控制的有效性
D	1.询问异地转移销售的流程 2.获得销售明细账，用判断抽样法，抽取＿＿笔销售金额，追踪获取相关的原始凭证，查看增值税发票是否开立合理、合规
E	1.询问相关管理层，了解损耗率标准的制定依据和超过损耗率的责任人索赔制度 2.获取损耗率标准表，并评估其合理性 3.获得损耗率定期分析报告，评估其合理性

9.7 货品账目和盘点

9.7.1 内部控制评价要求

货品账目和盘点内部控制要求如表9-8所示。

表9-8 货品账目和盘点内部控制要求

控制目标	风险	控制活动	相应审计程序
仓库账与财务账的信息一致	●财务信息不准确 ●管理层对公司资产监控的失效	仓库与财务应定期对账，对账的结果由双方签字确认，调查对账发现的差异，并采取相应的跟进措施	A
盘点计划的制订符合管理层的意志	●盘点结果可信度不足 ●盘点未能达到管理层的期望	盘点前应有详细的盘点计划（根据适用性考虑包括账外资产），经适当的管理层审批后下达至各相关部门	B
执行有效的盘点	●盘点过程失控 ●公司资产损失 ●盘点结果可信度不足	盘点应由现场管理员执行，并由独立的人员监盘，确保遵照盘点计划进行	B
		盘点现场货品应停止流动，不同地点的盘点应同时进行	B
		盘点记录应由盘点人员填写，并由盘点人员和监盘人员签字确认	B
存货账面余额调整是正确有效的	●错误或虚假的财务信息	盘点差异被及时汇总并提交适当管理层批准后进行账务调整	C
准确记录寄存存货	●财务信息不准确 ●潜在的存货损失	在盘点计划制作时根据重要性原则考虑对外仓库存货的轮流盘点	D
		使用函证确认由外仓代管的存货余额	D

9.7.2 审计程序

货品账目和盘点内部审计程序如表9-9所示。

表9-9 货品账目和盘点内部审计程序

程序	程序操作说明
A	1.对财务部、仓库保管员或其他相关人员进行访谈，了解仓库与财务的对账流程以及相关的控制要求等 2.获得货品调拨发出/收入调节表范本 3.使用判断抽样法，抽取___个月的调节表/对账单，查看对账是否有双方确认的签字，对账结果是否有差异，对账双方是否对差异进行调查，调查结果是否合理，必要时对调查结果进行核实

续表

程序	程序操作说明
B	1.对财务部、仓库保管员或其他相关人员进行访谈，了解并取得盘点计划的制作、审批，盘点执行，盘点记录，存货调整的流程以及相关的控制要求等 2.取得最近一次的盘点计划，复核评估其内容 3.使用统计抽样法，从存货明细账上抽取___个样本进行实盘，并与账面记录相核对 4.检查所盘点物品的货卡的填写是否正确，是否与实盘数一致 5.复核盘点记录表、盘点报告的填写情况和签字，并核实造成重大的盘点差异的原因 6.评估存货账面数量的真实性
C	1.对财务部或其他相关人员进行访谈，了解存货余额调整的审批流程以及相关的控制要求等 2.抽取存货盘点差异调整的凭证，检查其是否依据管理层的决议，是否附有经确认的盘点差异汇总表或盘点报告 3.评估存货账面余额及价值调整控制的有效性
D	1.询问并获得盘点计划，查核其中是否包括寄存货物的轮流盘点 2.观察寄存货物的盘点过程 3.获取询问外仓代管存货余额的函证和函证控制表，检查函证的差异项有无解释原因和跟踪措施

9.8 残次冷背存货的管理

残次冷背的存货是指质量有缺陷的（残次）或者是不经常使用的生僻（冷背）的存货，它们均会对存货的会计账面价值有减值的潜在影响。

9.8.1 内部控制评价要求

残次冷背存货的管理内部控制要求如表9-10所示。

表9-10 残次冷背存货的管理内部控制要求

控制目标	风险	控制活动	相应审计程序
正确区分和保存残次冷背存货	● 产成品质量问题 ● 公司公众信誉的损害	分开存放残次冷背存货,并以不同货卡/标签列示	A
		制定残次冷背存货的管理政策	A
存货账面价值反映其实际价值	● 财务信息不准确	公司制定存货跌价准备的计提政策并由财务人员参照执行	B
		存货跌价准备的计提应经适当管理层确认并符合一贯性原则	B
		计提存货跌价准备的依据、计算方法和金额应经适当管理层确认	B
残次冷背存货的处置符合管理层意图和一贯性原则	● 公司资产的损失 ● 未经授权的交易	残次冷背存货处置的数量和方式应依据适当管理层批准的存货处置文件	C
		处置现场应由财务人员或者其他授权部门连同库房保管员共同确认处置结果	C
残次冷背存货处置的账务处理准时、正确、完整	● 错误或虚假的财务信息	残次冷背存货处置的账务处理应基于批准后的处置文件和实际处置结果	C
		由专人定期复核分析残次冷背存货的货龄、产生原因以及发生频度等	C

9.8.2 审计程序

残次冷背存货的管理内部审计程序如表9-11所示。

表9-11 残次冷背存货的管理内部审计程序

程序	程序操作说明
A	1.询问公司确定、管理残次冷背货物的相关政策 2.取得并审核残次冷背存货的政策文件 3.对财务部、仓库保管员或其他相关人员进行访谈,了解残次冷背存货的管理方式以及相关的控制要求等 4.实地观察库房内残次冷背存货的存放管理情况 5.评估残次冷背存货的现场管理状况

续表

程序	程序操作说明
B	1. 对财务部或其他相关人员进行访谈，了解被审计单位关于计提存货跌价准备的会计政策、计提方法和依据以及相关的控制要求等 2. 获取被审计单位计提存货跌价准备的书面政策，检查其是否经过高级管理层的书面认可 3. 使用判断抽样法从存货跌价准备明细中抽取___个样本，对其跌价准备计提的依据、方法和数额进行复核，并与管理层的确认文件相核对 4. 考虑被审计单位的战略计划、发展趋势和市场导向等因素，分析复核近___年以来（如3年以来）存货跌价准备的计提/冲回情况 5. 结合盘点情况和实地观察，评估存货跌价准备计提的真实性和充分性
C	1. 对财务部、仓库保管员或其他相关人员进行访谈，了解残次冷背存货的处置流程以及相关的控制要求等 2. 使用判断抽样法，从残次冷背存货处置的凭证中抽取___个样本，复核其依据的处置文件是否经管理层的确认，处置的数量/金额是否有库房以外的部门共同确认，评估残次冷背存货处置控制的有效性 3. 获得残次冷背存货货龄等的分析表，评估其合理性，查核是否有相关管理层的签字

9.9 存货保安（存货保险、人员、防火通风、存放外仓等）

9.9.1 内部控制评价要求

存货保安（存货保险、人员、防火通风、存放外仓等）内部控制要求如表9-12所示。

表9-12 存货保安内部控制要求

控制目标	风险	控制活动	相应审计程序
存货保险的范围和金额合理制定	● 公司资产的非常损失	财务部和仓库负责人应当共同确定存货保险的范围和金额	A
		存货保险的范围和金额经适当管理层的批准	A

续表

控制目标	风险	控制活动	相应审计程序
存货保险的范围和金额合理制定	●公司资产的非常损失	采购部门应负责或者参与保险合同价款的商谈,保险合同的询价及采购程序应视同物资采购	A
危险品、有害货品的保管和处置符合国家或公司规定	●人员、资产损失 ●社会和环境危害 ●法律制裁	公司按照相关法规或行业标准的要求制定书面的危险品、有害货品保管和处置流程或政策,并由存货管理部门遵照执行	B
存货物理环境安全	●未经授权的物理接触 ●存货的物理损失	通过门卡/锁匙/密码等手段限制除日常工作需要以外的人员接触存货	C
		安装适当的防盗设施,比如探头、红外报警器等	C
		临时出入库房须事先获得保管员批准,进行登记后由保管员陪同进入库房	C
		按照公司要求或行业/国家消防标准设计库房,并安装相应的消防设施、器材和必要的通风设施,比如烟感、喷淋系统、破玻报警器等	D
		由专属部门负责消防设施/器材的保养和检验,并进行记录	
		消防设施经当地消防局检验合格	

9.9.2 审计程序

存货保安(存货保险、人员、防火通风、存放外仓等)内部审计程序如表9-13所示。

表9-13 存货保安内部审计程序

程序	程序操作说明
A	1.对财务部、仓库负责人或其他相关人员进行访谈,了解存货保险的范围、依据和申购流程以及相关的控制要求等 2.获取并复核管理层对存货保险申购的批准文件

续表

程序	程序操作说明
A	3.获取存货的保险合同，查看代表公司签订的部门是否有授权，是否具有相应的询价记录及法律部门的复核意见 4.评估存货保险的充分性和有效性
B	1.对仓库负责人或其他相关人员进行访谈，了解危险品、有害货品的管理、处置流程以及相关的公司政策等 2.获得并复核书面的公司危险品、有害货品的管理、处置流程或政策 3.实地观察危险品、有害货品的存储环境 4.评估危险品、有害货品管理流程或政策的执行情况
C	1.对仓库保管员或其他相关人员进行访谈，了解对人员出入库房的控制和库房物理安全的总体情况 2.实地观察对闲杂人员出入库房的控制 3.检查临时出入库房登记簿的登记情况 4.结合访谈和实地观察，评估人员出入库控制的有效性和充分性
D	1.对仓库保管员、公司消防负责人员或其他相关人员进行访谈，了解公司消防安全的总体情况、重点保护地区消防设施情况以及相关的消防控制要求等 2.获取标有重点保卫区域的公司平面分布图 3.获取并复核被审计单位的灾害复原计划 4.获取并复核被审计单位的最后一次消防演习记录 5.获取消防检查的合格证书 6.实地观察消防设施、消防通道的有效情况 7.使用判断抽样法，从消防设施检修/保养记录中抽取___个样本，检查是否经过公司消防人员的复核及确认 8.评估消防安全控制的有效性
E	1.对财务人员或其他相关人员进行访谈，了解外仓存货的盘点流程、盘点结果，或者函证的程序、函证结果以及相关的控制要求 2.复核外仓的盘点记录，追查并核实重大差异的原因 3.复核外仓的函证记录，查看函证是否有对方确认的签章，函证结果与账面数是否有差异，是否对差异进行了调查，调查结果是否合理，必要时对调查结果进行核实 4.评估外仓存货的盘点/函证控制的有效性

第10章

业务内部控制审计——固定资产管理

10.1 固定资产管理业务流程概要

10.2 固定资产的购置及入账（供应商选择）

10.3 固定资产的折旧

10.4 固定资产的调用

10.5 固定资产的租入

10.6 固定资产的处置

10.7 固定资产的维护

10.8 固定资产档案的管理

10.9 固定资产盘点

10.1 固定资产管理业务流程概要

固定资产业务流程包括图10-1所示审计子项。

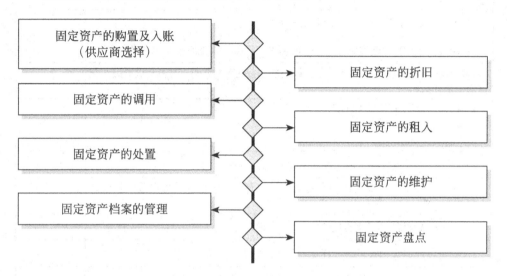

图10-1 固定资产业务流程的审计子项

内部审计人员在对公司的固定资产业务进行内部控制审计前,应制定调查问卷(如表10-1所示)并开展调查。

表10-1 固定资产业务调查问卷

问题	回答记录
1.固定资产的种类有哪些?确认的标准是什么?	
2.固定资产是由哪个部门管理的?	
3.是否制定资本性支出预算?制定的频率如何?过程是怎样的?	
4.资本性支出的预算执行情况如何?由谁来监控?	
5.购置固定资产时,如何选择供应商或承包商?是否有比价?	
6.关于固定资产采购、处置及报废的审批权限是如何设置的?	
7.如何决定是"内部调拨""购买"还是"租赁"固定资产?在决策前是否进行成本比较分析?	

续表

问题	回答记录
8.如何确保购置的固定资产符合公司的发展目标？	
9.固定资产的验收流程是怎样的？有哪些部门参与？如何控制？	
10.购置固定资产是否必须与供应商签订采购合同？合同是否经律师审核并盖合同专用章？	
11.申请固定资产购置的操作流程如何？	
12.公司有何控制措施确保固定资产的购置、转移与处置能及时和准确入账？	
13.公司的折旧政策是怎样的？是否报经董事会批准？近两年是否有过变更？变更理由是什么？	
14.如何计算固定资产的折旧？ a.手工 b.电脑系统自动生成	
15.折旧如非系统自动生成，是否有专人独立复核？	
16.折旧计提是否存在会计制度的差异？如有，是否进行纳税调整？是否有人复核？	
17.公司的固定资产是否有减值现象？如何衡量？是否计提减值准备？如何计算？	
18.固定资产的实物管理的责任是否落实到相关部门或个人？	
19.固定资产的内部调拨流程如何？使用哪些单据？审批程序是怎样的？	
20.固定资产的内部调拨有无税务影响？	
21.对固定资产的利用率是否进行分析？分析的频率和方式是怎样的？	
22.请介绍一下租入固定资产的操作程序，你认为其和购入固定资产有何重大的不同？	
23.对固定资产是否进行定期盘点？盘点的频率是怎样的？参与的部门有哪些？	
24.固定资产盘点中发现的盘盈、盘亏如何处理？	
25.公司是否定期对固定资产进行维修？如非定期维修，如何确定是否需要对固定资产维修？	
26.固定资产管理是否采用计算机系统？系统包括了固定资产管理的哪些功能？	
27.是否建立固定资产的编码管理制度？如何确保其完整性？	
28.有无建立固定资产台账？固定资产信息的更改流程是怎样的？由谁授权？	
29.是否对固定资产进行保险？保险政策如何？	
30.公司有无不需用、未使用的固定资产？	
31.固定资产的报废程序是怎样的？是由谁审批？是否报董事会备案？	

续表

问题	回答记录
32.固定资产的报废是否会及时地更新财务账和固定资产的管理账？	
33.工程项目建设是否通过招标？对于自建固定资产，如何保证工程承包商的选择符合公司的目标和利益？	
34.工程项目的预算如何制定？由谁审批？	
35.如何保证工程质量符合要求？工程的进度如何控制？	
36.工程项目的竣工验收由谁参加？财务何时入账？何时将在建工程转为固定资产？	
37.是否有人定期分析项目的投资回报率？	
38.公司是否对账外物资有所管理（如低值易耗品、模具等）？	
39.在现在的工作中，您最担心和关心的事是什么？	

10.2 固定资产的购置及入账（供应商选择）

10.2.1 内部控制评价要求

固定资产的购置及入账（供应商选择）内部控制要求如表10-2所示。

表10-2 固定资产的购置及入账内部控制要求

控制目标	风险	控制活动	相应审计程序
固定资产的购置符合公司年度经营计划及预算，为公司生产经营切实所需	● 未经授权的购买行为 ● 无效和低效投资 ● 公司资源的浪费	编制年度固定资产预算，应包括购置、调拨、租赁等，并经高级管理层审批	A
		根据实际情况制定管理层的审批权限，以正式文件形式下发各部门，所有固定资产购买都必须填写书面的申请表格，并按审批权限报请相应管理层审批	B
		预算外固定资产采购必须经公司高级管理层审批	B
		提出申请后，由专人判断固定资产是购买、租赁或是内部调用	C

续表

控制目标	风险	控制活动	相应审计程序
固定资产的购置符合公司年度经营计划及预算，为公司生产经营切实所需	● 未经授权的购买行为 ● 无效和低效投资 ● 公司资源的浪费	定期分析预算偏差	D
		自建工程项目必须编制可行性研究报告和项目预算，经公司财务部负责人、工程管理部门负责人及高级管理层审批	I
固定资产的购置价格公平合理	● 购置价格过高造成资产损失 ● 潜在的舞弊可能	公司制定书面制度，明确一定金额以上的资产购置必须经多家供应商书面询价程序，工程项目应向社会公开招标，询价（招标）结果及供应商（承包商）选择理由必须在采购申请上说明	G
		采购过程（询价、定价、预付款、运输、验收、安装、交付使用、付款等）均有书面记录，所有记录需由相关部门的负责人签字审核	C
		一定金额以上的固定资产采购与供应商或承包商签订采购合同或工程合同，并经公司法律事务部审核后盖合同章确认	C
		承包商/供应商的档案信息完整、真实，有定期的更新过程和管理层的复核	K
固定资产会计信息完整、准确、及时	● 错误的会计信息 ● 信息传递不及时	财务部门复核固定资产购置或在建工程项目的原始单据和资料，确保其完整性和有效性，并与备案的年度预算和项目预算进行符合性审核	E
		财务部设置固定资产明细账，固定资产管理部门设置固定资产台账，定期核对固定资产明细账和台账，对不一致的记录进行调整	E
		经批准的固定资产采购申请表报财务部备案，财务部负责跟踪采购结果，确保所有采购均已入账	B、F

续表

控制目标	风险	控制活动	相应审计程序
固定资产质量符合合同及生产要求	● 公司资产的损失 ● 事故的隐患	收入固定资产时,由固定资产管理部门和使用部门组织验收,在连续编号的验收单上签字	H
		自建工程项目,工程管理部门应会同其他相关部门(技术人员及财务部等)定期检查工程项目的质量和进度,形成书面报告	J
		工程项目结束,由使用部门、工程管理部门及聘请第三方的评审机构进行验收,并编制验收决算报告(包括竣工结算报告)。验收决算报告应经上述部门负责人及机构的签字盖章	J

10.2.2 审计程序

固定资产的购置及入账(供应商选择)内部审计程序如表10-3所示。

表10-3 固定资产的购置及入账内部审计程序

程序	程序操作说明
A	1.对制定固定资产年度采购预算的相关部门进行访谈,了解预算制定的流程 2.获得书面的固定资产年度预算制定流程 3.对照政策,评估固定资产年度预算流程的符合程度 4.使用判断抽样法,从归档的文件中抽取最近年度的固定资产预算,查看是否有相应管理人员的审批签字
B	1.获得书面的固定资产采购申请单范本 2.使用判断抽样法,从归档的文件中抽取___张固定资产采购申请单,查看是否有申请部门负责人及相应管理人员的审批签字,且在财务部门备案 3.寻找预算外的采购申请,查看其是否有高级管理层的签字确认
C	1.通过交叉性询问了解有关固定资产购置制度的规定,了解一定金额以上的资产购置是否须经多家书面询价,且须与供应商或承包商签订采购合同 2.获得并审阅书面的固定资产采购制度 3.使用判断抽样法,从已采购固定资产的归档文件中抽取___份固定资产采购文件,包括申请单及相应的采购合同或工程项目合同,查看采购申请单上是否注明供应商的选择理由以及是否经过询价的过程,采购合同或工程合同是否经公司法律事务部审核后盖合同章确认

续表

程序	程序操作说明
D	1.询问固定资产调拨、租赁、购置的预算制定和偏差分析过程 2.使用判断抽样法，抽取___张预算分析表，查看是否涵盖时间、价格差异
E	1.对财务部门相关人员进行访谈，了解其对于固定资产采购预算与实际情况复核的内容，评估其对于该控制点的认知 2.获得财务部的固定资产采购预算执行分析表做符合性复核 3.（仅在程序D2的结果为不符合年度固定资产预算时）检查固定资产的归档文件，确认预算外固定资产采购是否有更高层管理人员签字
F	1.对财务部门相关人员进行访谈，了解固定资产明细账的登记、更新流程 2.对资产管理部门相关人员进行访谈，了解固定资产台账的登记、更新流程 3.使用判断抽样法，从固定资产明细账中抽取___笔记录与固定资产台账相核对，再从固定资产台账中抽取___笔记录与固定资产明细账相核对，确定其是否一致
G	1.对项目管理部门、资产使用部门的相关人员进行访谈，了解工程项目招标的流程 2.获得书面的工程项目招标流程 3.使用判断抽样法，抽取___份最近年度的项目招标书，查看是否有相应管理人员及机构的签字盖章 4.用判断抽样法，在未完成的工程中抽取___份样本，查看是否存在未按程序招标的项目，若有，则询问理由
H	1.对固定资产管理部门进行访谈，了解固定资产验收的流程 2.用判断抽样法，从归档的文件中抽取最近___笔固定资产验收单，查看其是否有相关人员的签字，确认验收单是否连续编号及使用
I	1.对编制项目可行性研究报告及项目预算的相关部门进行访谈，了解编制的流程 2.获得项目可行性研究报告及项目预算的范本 3.使用判断抽样法，从归档的文件中抽取___份最近年度的项目可行性研究报告和项目预算，查看是否有相应管理人员的审批签字 4.询问相关人员，在做购买、租赁、内部调拨的决策前是否作过分析，若有，了解相关理由 5.获取书面固定资产的申请报告
J	1.对项目管理部门、资产使用部门的相关人员进行访谈，了解工程项目验收的流程 2.获得书面的工程项目验收流程 3.使用判断抽样法，抽取___份最近年度的项目竣工结算报告，查看是否有相应管理人员及机构的签字盖章 4.用判断抽样法，在未完成的工程中抽取___份样本，查看是否存在未按预定日期及时竣工的项目，若有，询问理由
K	1.对采购部经理进行访谈，了解更新供货商/承包商的标准和流程 （1）对供货商/承包商的定期复核频率 （2）对供货商/承包商的复核程序与方法（如评价报告等）

续表

程序	程序操作说明
K	2.采用判断抽样法从供货商清单中抽取___家供货商，查看相应的评价报告，判断是否经过公司规定的定期复核流程 3.从评价报告中寻找不合格的供货商，查看是否还在最新的经经管理层批准的合格供货商名单中 4.查看不合格的供应商名单及相关档案是否有保存

10.3 固定资产的折旧

10.3.1 内部控制评价要求

固定资产的折旧内部控制要求如表10-4所示。

表10-4 固定资产的折旧内部控制要求

控制目标	风险	控制活动	相应审计程序
固定资产的折旧政策符合国家法规、制度的规定	●违反国家有关规定 ●税务机关的质询和罚金	书面制定固定资产折旧会计政策，会计政策一旦确定不得随意变更，并报公司董事会备案	A
		固定资产折旧政策的制定基于国家和行业会计制度明确的固定资产分类标准，在会计制度允许的范围内规定各类固定资产的折旧年限	A
固定资产会计信息的真实性、完整性和及时性	●错误的会计信息	折旧额由计算机系统每月自动生成，系统由专人维护并定期测试以确保其正常运作	B
		财务人员检查计算机系统生成的折旧计算清单，分析其合理性	C
		提取折旧的会计凭证由财务经理进行复核并签字	D
		已提足折旧、停提折旧的固定资产在资产清单上已明确列示	E

10.3.2 审计程序

固定资产的折旧内部审计程序如表10-5所示。

表10-5　固定资产的折旧内部审计程序

程序	程序操作说明
A	1.对财务部相关人员进行访谈，了解固定资产折旧政策，判断其是否符合国家的会计制度及相关法规 2.获得书面的固定资产折旧政策范本 3.根据了解到的折旧政策，询问计提折旧的财务人员对政策的了解程度及执行的一贯性程度
B	1.访谈财务部门或IT部门管理固定资产模块系统的人员，了解系统计算折旧的相关信息及系统的运行和维护情况 2.上线检查系统主文件的设置，查看折旧计算公式的设置是否符合公司规定的折旧政策 3.取得系统维护和测试的相关书面文件，确认其正常运作 4.使用判断抽样法，从本年新增的固定资产中抽取__项固定资产，查看其折旧额的提取是否计算正确
C	1.对相关财务人员进行访谈，了解其检查分析过程 2.使用判断抽样法，从归档的文件中抽取__个月的折旧计算清单，查看并评估其计算的合理性
D	1.询问财务经理对于复核折旧计提凭证的事项，评估其对于该控制的认知情况 2.使用判断抽样法，从归档的折旧计提凭证中抽取__张凭证，检查财务经理的复核签字
E	1.询问财务部固定资产的经办人，了解提足折旧和停止计提折旧的固定资产情况和操作办法 2.获得固定资产清单，查询该种固定资产是否有标记 3.对照折旧计提凭证所附的计算方法，确认其不包含停提、提完折旧的资产

10.4　固定资产的调用

调用是指同一法人内部之间的固定资产调拨。

10.4.1 内部控制评价要求

固定资产的调用内部控制要求如表10-6所示。

表10-6　固定资产的调用内部控制要求

控制目标	风险	控制活动	相应审计程序
固定资产的调用程序符合公司规定和整体规划	● 未经授权的固定资产调拨 ● 公司资源分配的不协调	资产调拨应由使用部门填制资产调拨申请单，该申请单包括调拨原因、资产调出方和调入方等	A
		资产调拨单应由使用部门负责人、资产管理部门负责人及高级管理层审批	A
		资产管理部门应对部门提出的资产调拨申请进行审核，核对年度资产购置预算或调拨计划，对于购置计划外调拨须在调拨单上注明	A
		固定资产调拨申请单须经调拨部门双方签字确认	A
合理调配资源，经济有效地利用现有固定资产	● 企业资源闲置浪费	资产管理部门应定期审查资产利用效率情况，如存在闲置资产，应及时采取调拨、出售等解决方法	B
固定资产记录是完整和正确的	● 固定资产记录的不准确 ● 未经授权的调拨	资产调拨申请表经资产管理单位及管理层审批后，办理资产交接手续，资产管理部门应及时更新固定资产台账	C

10.4.2 审计程序

固定资产的调用内部审计程序如表10-7所示。

表10-7　固定资产的调用内部审计程序

程序	程序操作说明
A	1.通过交叉询问了解公司的资产调拨流程 2.获得书面的资产调拨流程，确认有管理层的确认 3.对资产管理部门、资产使用部门及管理层相关人员进行访谈，询问他们对资产调拨流程的认知度 4.使用判断抽样法，从归档的文件中抽取__张资产调拨单，查看其填写内容是否完整，并经资产调拨双方部门负责人、资产管理部门及管理层审批签字

续表

程序	程序操作说明
B	1.访谈资产管理部门相关人员,询问有关审查资产利用率情况的事项,评估其对该控制点的认知情况 2.获取书面的资产利用效率报告 3.检查该资产利用效率报告的执行和跟进情况
C	1.对资产管理部门相关人员进行访谈,了解固定资产台账的登记、更新流程 2.对程序A中抽取的资产调拨申请单,查看相应固定资产台账是否已同步更新

10.5 固定资产的租入

10.5.1 内部控制评价要求

固定资产的租入内部控制要求如表10-8所示。

表10-8 固定资产的租入内部控制要求

控制目标	风险	控制活动	相应审计程序
固定资产的租用符合国家法律及公司的有关规定,为公司经营切实所需	●非法租入 ●未经授权的租入 ●租入固定资产不为企业所需	固定资产租赁应由资产使用部门填写书面的租赁申请表格,该申请表格上注明租赁资产名称、租出方及租赁申请理由等	A
		租赁申请应由资产使用部门负责人、资产管理部门负责人及高级管理层审批	A
		资产管理部门应对部门提出的租赁申请进行审核,判断租赁的必要性及合理性,核对年度固定资产预算,对于预算外租赁须在申请表上注明	A
		固定资产租赁必须与出租方签订租赁合同,租赁合同必须经公司法律事务部审核后盖合同章确认	B

续表

控制目标	风险	控制活动	相应审计程序
固定资产的租赁价格公平合理	● 租赁价格高于市场价 ● 可能的舞弊行为 ● 租赁成本高于购买成本	有相应制度明确一定金额以上的资产租赁必须经多家供应商书面询价程序，询价结果及供应商选择理由必须在租赁申请上说明	A
		资产管理部门在审核部门提交的租赁申请单时，应对该资产的租赁成本及购买成本进行比较分析	A
租赁费的支付符合合同条款的规定，是合理的	● 重复支付 ● 未经授权的支付	租赁费的支付应由资产使用部门提出书面支付申请，申请上应注明资产的起始租赁日、申请支付的租赁费所涵盖的租赁期及资产的使用状态等	C
		租赁费支付申请应由资产使用部门总经理审批，再按审批权限报请公司管理层审批	C
		租赁合同报财务部门备案	C
		经审批的支付申请提交财务部后，由财务部相关人员负责将支付申请与备案的租赁合同进行符合性审核	C
		租赁费用的入账有管理层的监控和复核	C
租入固定资产记录是完整和正确的	● 资产记录的不正确	经营性租入固定资产办理交接手续后，应设置租入固定资产备查簿	D
		融资性租入固定资产办理交接手续后，应更新固定资产台账，在财务账上单列融资租入固定资产	D

10.5.2 审计程序

固定资产的租入内部审计程序如表10-9所示。

表10-9　固定资产的租入内部审计程序

程序	程序操作说明
A	1.通过交叉询问了解公司的固定资产租赁流程（包括询价制度和供应商的选择） 2.获得固定资产租赁申请表格范本 3.对资产管理部门相关人员进行访谈，了解他们分析租赁成本和购买成本的程序和方法 4.对资产使用部门及管理层相关人员进行访谈，询问他们对资产租赁流程的认知度 5.使用判断抽样法，从归档的文件中抽取最近___张固定资产租赁申请单，查看其是否注明申请租赁原因、资产租出方、租赁资产名称、预算内或预算外租赁、询价结果、供应商选择理由等，并经资产使用部门负责人、资产管理部门及管理层审批签字
B	1.对资产管理部门、法律事务部门相关人员进行访谈，询问是否所有固定资产租赁均与出租方签订租赁合同并经法律事务部门审核盖合同专用章 2.获得上次内部审计以来的所有固定资产租赁合同复印本 3.查看上述固定资产租赁合同是否经双方管理层签字并盖合同专用章
C	1.对资产使用部门及财务部门相关人员进行访谈，了解有关租赁费支付的流程 2.询问财务部门相关人员有关将支付申请及租赁合同进行符合性复核的情况 3.获得租赁费支付的书面流程及租赁费支付申请的范本 4.使用判断抽样法，从归档的文件中抽取___笔租赁费支付申请单，查看是否注明资产的起始租赁日、申请的租赁费所涵盖的租赁期及资产的使用状态等，并检查是否有资产使用部门负责人及其他相关管理层的签字审核 5.使用判断抽样法，从租赁费用的明细账中选取___笔交易凭证，查看其附件是否完整，是否有相应管理层的审核
D	1.对资产管理部门相关人员进行访谈，了解有关设立租入固定资产备查簿的情况 2.实地观察备查簿的登记情况，查看是否清楚地注明资产的所在部门、所在区域、起始租赁日及资产的使用状态等 3.检查财务账上是否有单列的"融资租入固定资产"科目以及融资租入固定资产台账 4.使用判断抽样法，从租入固定资产备查簿中抽取___项固定资产进行实地盘存，确定其存在性及与登记情况的一致性

10.6 固定资产的处置

10.6.1 内部控制评价要求

固定资产的处置内部控制要求如表10-10所示。

表10-10　固定资产的处置内部控制要求

控制目标	风险	控制活动	相应审计程序
固定资产处置符合公司的政策	●公司资产的流失 ●未经批准的处置	资产处置申请由使用部门或保管部门填写，申请上应注明固定资产编号、名称及处置原因，由部门负责人审批	A
		资产管理部门负责审核资产处置申请单，考虑资产是否可通过维修或调用发挥作用，若必须处置，应考虑是否可以出售，并由资产管理部门负责人在处置申请单上签署意见	A
		根据实际情况制定管理层的审批权限，以正式文件形式下发各部门，资产处置申请单应报相应管理层按资产出售及报废的审批权限审批	A
固定资产处置收入的公允性	●可能的舞弊 ●公司资产的损失	如处置的资产可以出售，由资产管理部门进行价格磋商，并将价格磋商记录与结果在处置申请单上注明	A
		由独立于资产管理部门的管理层人员（如财务部负责人）综合考虑资产的账面价值及出售价格，在资产处置申请单上签字批准	A
固定资产处置信息及时而准确地反映在会计记录中	●错误的会计信息	资产管理部门根据经批准的资产处置申请单对资产进行处置，处置申请单及相关资料应及时报财务部进行账务处理	B
		财务部复核资产处置申请单及相关资料	B
		固定资产处置的会计凭证由财务经理进行复核并签字	B

10.6.2 审计程序

固定资产的处置内部审计程序如表10-11所示。

表10-11 固定资产的处置内部审计程序

程序	程序操作说明
A	1.对资产使用部门的相关人员进行访谈，了解有关资产处置的流程 2.对资产管理部门的相关人员进行访谈，了解有关复核资产处置申请的流程 3.对财务部（或独立于资产管理部的其他部门）的相关人员进行访谈，了解有关分析资产账面净值及出售价格的流程 4.获得书面的资产处置申请单范本 5.获得书面的固定资产处置及报废审批权限一览表 6.使用判断抽样法，从归档的文件中抽取___份资产处置申请单，查看申请单上是否注明固定资产编号、名称及处置原因，是否有价格磋商记录与结果，是否有资产使用部门负责人、资产管理部门负责人、财务部负责人（或其他独立部门）的审核意见及签字
B	1.对财务部相关人员进行访谈，了解固定资产处置的账务处理流程 2.实地观察财务部的复核过程 3.使用判断抽样法，从归档的固定资产处置凭证中抽取___份样本，复核资产处置申请单及相关资料并检查是否有财务经理的复核签字

10.7 固定资产的维护

10.7.1 内部控制评价要求

固定资产的维护内部控制要求如表10-12所示。

表10-12 固定资产的维护内部控制要求

控制目标	风险	控制活动	相应审计程序
确保固定资产的完整性	●公司遭受资产损失	公司设定固定资产保管制度，已提足折旧、准备报废的经营性租出固定资产，视同固定资产保管管理	A

续表

控制目标	风险	控制活动	相应审计程序
确保固定资产的正常运行，满足生产需要和公司的规章制度	● 设备故障 ● 无法实现生产计划 ● 事故隐患	制定固定资产维护制度，并定出维修的质量标准	B
		设备主管部门会同生产运行部门制定详尽的年度固定资产维护计划，计划应报上级审批，经主管领导审批后下达相关部门	C
		发生临时日常维修时，由使用部门提出申请，经授权批准组织实施，固定资产维修部门按照维修计划和既定质量标准定期进行维护维修完成后，使用部门和管理部门共同对维修结果进行验收，签字确认并在维修记录中加以记录	D
		管理部门要定期检查维修记录以检查维修是否按计划进行	E
节约固定资产维修的成本	● 不必要的维修成本 ● 公司资源的浪费	经批准后的维修计划纳入企业预算管理体制	C
		必须由外部维修服务提供商进行的维修，要进行多方询价后进行选择，询价结果作为维修申请单的附件备存	F
		维修服务合同的订立、修改、审批和管理参见第7章7.5"订单处理及开票"的内容	F
资产得到足够的保险保障	● 损失得不到补偿	对固定资产进行投保	G
		制定选择保险公司的依据，并严格按依据评级选择	G

10.7.2 审计程序

固定资产的维护内部审计程序如表10-13所示。

表10-13　固定资产的维护内部审计程序

程序	程序操作说明
A	1.询问固定资产管理部门，了解在某项固定资产已决定处置但未处置前的管理程序 2.实地观察固定资产的保管情况 3.查阅最近的盘点记录，确定盘点清单中是否包含已经决定处置但尚未处置的固定资产
B	1.对固定资产主管部门、财务部门和使用部门相关人员进行访谈，了解维护制度的制定情况，是否经上级批准并下达到基层 2.获得书面的维护制度，检查其内容如维护质量标准等，以及是否经管理层签字确认 3.评估维修制度在相关部门贯彻执行的程度
C	1.对固定资产主管部门、财务部门和使用部门相关人员进行访谈，了解维护计划及其预算的制定情况，是否经上级批准并下达到基层 2.获得书面的维护计划和预算，对维护计划及预算进行检查，查看是否有管理层的签字或者确认 3.评估维护计划在相关部门贯彻执行的程度
D	1.对固定资产管理部门主管人员进行访谈，了解日常维修的实施程序 2.采用判断抽样法抽取___张维修申请单，检查维修申请单是否连号，是否经使用部门主管批准并追踪至维修记录，检查维修服务是否完成，是否经验收并记录
E	1.对固定资产管理部门主管人员进行访谈，了解其是否定期查看维修记录及查看的频率 2.检查维修记录是否经固定资产管理部门主管人员检查及最近的检查时间
F	1.对固定资产管理部门主管人员进行访谈，了解选择固定资产维修商询价的程序 2.检查是否有对维修商询价和评估的书面记录，评估是否按公司的规定程序进行 3.维修服务合同的相关审计程序参见第7章7.5"订单处理及开票"的内容
G	1.对固定资产管理部门主管人员进行访谈，了解对固定资产投保的政策、保险范围及是否投保公众责任险 2.取得保险单，评估其保险范围是否可以充分覆盖固定资产损失的风险 3.询问了解公司是否设定选择保险公司的依据，并获得书面文本，查核其制定的合理性

10.8 固定资产档案的管理

10.8.1 内部控制评价要求

固定资产档案的管理内部控制要求如表10-14所示。

表10-14 固定资产档案的管理内部控制要求

控制目标	风险	控制活动	相应审计程序
固定资产档案的完整性	● 资产记录的缺失 ● 账实不符	制定对固定资产的编码管理制度，对所有固定资产进行编号，贴上标签，建立固定资产台账	A
		编制固定资产清单，对固定资产的编号、类别、价值、使用部门、购买日期、折旧政策等信息及变动情况进行及时记录	A
固定资产档案正确、及时地得到更新	● 错误的财务信息	使用连号的固定资产验收单、调用单和处置申请单	B
		根据经批准的固定资产验收单、调用单或处置申请单，对固定资产清单和台账进行及时更新	B
		对固定资产资料的修改均有合法的经批准的单据，并由专人核对修改的正确性	C

10.8.2 审计程序

固定资产档案的管理内部审计程序如表10-15所示。

表10-15 固定资产档案的管理内部审计程序

程序	程序操作说明
A	1.访谈固定资产管理部门主管，了解公司的固定资产管理制度 （1）是否有书面的固定资产管理制度 （2）固定资产的编码体系规则 （3）固定资产资料的保存与更新流程 2.取得公司的固定资产管理制度，并与了解的情况比较是否相符 3.现场查看公司的固定资产，检查是否均已贴上固定资产标签或是否建立台账，采用判断抽样法选择___个固定资产，追查至固定资产清单，判断记录是否准确 4.获得固定资产清单，检查清单包含的内容是否全面，包括名称、种类、原值、净值、累计折旧、编号、购置日期、使用部门或地点、折旧政策等 5.采用判断抽样法从固定资产清单选择___个固定资产样本，追查至相应的原始购置单据，检查其记录是否准确及时
B	1.访谈固定资产管理部门主管，了解固定资产验收单、调用单和处置申请单是否连号以及连续使用，了解固定资产资料的新增与更新流程，包括使用的单据、审核过程等 2.采用判断抽样法抽查___个资料修改记录（如新增、报废等），检查前后的修改单据是否与其连号 3.从固定资产的验收、调用和处置单中使用判断抽样法，抽取最近的___张记录，追踪到固定资产清单和台账，确认是否被及时更新
C	1.访谈固定资产资料的管理人员，了解固定资产资料修改的程序 2.使用判断抽样法，从固定资产的验收、调用和处置单据中各选取___张样本，追踪到固定资产台账和清单以及财务账，确认记录已被更新

10.9 固定资产盘点

10.9.1 内部控制评价要求

固定资产盘点内部控制要求如表10-16所示。

表 10-16 固定资产盘点内部控制要求

控制目标	风险	控制活动	相应审计程序
保证固定资产的完整和账实相符	● 资产毁损或短缺 ● 财务信息不准确	对固定资产进行定期盘点，由主管部门/使用部门人员共同参与，财务部门进行监盘	A
		盘点中注意固定资产的使用状况以及账外的固定资产盘点的时间应一致，避免重复计算	A
		编制盘点报告记录盘点结果，由所有参与盘点的人签字确认	B
		发生盘点差异时，调查原因并出具盘点差异报告，提交管理层审批后，财务部门进行账务处理，管理部门调整台账	B
保护资产安全	● 盗窃的风险 ● 发生人身或设备事故	设立专职部门或人员负责保卫和安全工作	C
		资产的运出需填制出门单，由适当的管理层批准后放行	D
		按照公司要求或行业/国家消防标准设计厂房，并安装相应的消防设施和器材及必要的通风设施，比如烟感、喷淋系统、破玻报警器等，由专属部门负责消防设施/器材的保养和检验并进行记录，消防设施经当地消防局检验合格	D
有效利用固定资产	● 运营效率的降低 ● 占用资金过多 ● 资产的减值	对固定资产的使用状况定期进行检查，如有设备闲置，应具体分析原因并妥善处理	E
		定期依据固定资产的使用状况检查结果，对相应的固定资产记录进行修正（如计提固定资产减值等）	E

10.9.2 审计程序

固定资产盘点内部审计程序如表10-17所示。

表10-17　固定资产盘点内部审计程序

程序	程序操作说明
A	1.对固定资产主管部门、财务部门和其他相关人员进行访谈，了解固定资产的盘点程序、频率，基层人员对盘点的了解程度，盘点小组的成立情况（是否包含了必要的人员） 2.获得书面的盘点制度（如有），比较是否与实际操作情况相符 3.对盘点小组成立的书面文件（如通知或会议纪要）加以审查，查看是否包含了必要的人员 4.采用判断抽样法从固定资产清单中抽取___个固定资产，并进行现场盘点
B	1.取得固定资产盘点结果，检查是否已由所有参与盘点的人签字确认 2.盘点如有差异（盘盈或盘亏），是否调查了差异产生原因及出具盘点差异报告，报有关部门签署处理意见 3.盘点如有差异，检查会计记录，判断财务部门是否已依据审批意见进行账务处理，对固定资产登记卡加以审查，查看管理部门是否依据审批的处理意见调整台账
C	1.询问保卫部门，了解是否有一套运行良好的保卫体系确保固定资产安全 （1）固定资产的管理责任是否明确、落实到人 （2）固定资产的调拨是否须经管理层授权 （3）重要资产是否放置在安全可靠的处所并由专人负责 （4）重要设施的接触和使用是否有记录 2.观察重要固定资产的管理环境是否与保卫部门所述一致 3.询问生产运行部门，了解是否有一套运行良好的安全体系和防护措施确保固定资产和使用者的安全 4.实地观察高温、高压等危险设备的安全保护工作是否与保卫部门所述一致
D	1.询问保卫部门，了解资产运出公司的控制措施，是否必须填制出门单后方可放行 2.实地观察门卫的工作情况 3.实地观察固定资产的物理安全设施
E	1.对固定资产主管部门和财务部门进行访谈，了解盘点中是否会关注固定资产的使用状态、有无闲置资产以及判断的依据 2.如发现闲置资产，了解是否分析原因并对资产价值进行评估及其使用的方法 3.取得闲置资产的分析报告，检查是否有管理层审阅并签字确认 4.取得对固定资产减值的分析报告，了解计算的方法，评估其是否合理

第11章

业务内部控制审计——人力资源管理

11.1　人力资源管理业务流程概要

11.2　人力资源档案管理

11.3　薪金、津贴及社会保险

11.4　时间记录及休假

11.5　雇用、晋升、调派、轮岗和合同到期及中止

11.6　人员的培训

11.7　业绩考评

11.1 人力资源管理业务流程概要

人力资源管理流程包括图11-1所示审计子项。

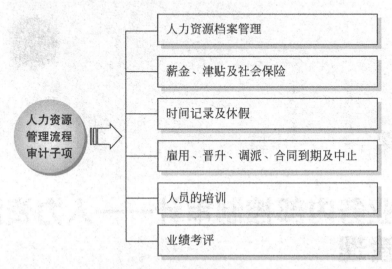

图11-1 人力资源管理流程审计子项

内部审计人员在对公司的人力资源管理业务进行内部控制审计前,应制定调查问卷(如表11-1所示)并开展调查。

表11-1 人力资源管理业务调查问卷

问题	回答记录
1.公司人力资源部门的主要职能有哪些?	
2.公司是否有一份书面的人力资源政策及操作流程?现在的执行情况如何?	
3.公司人力资源是否已采用计算机系统辅助管理?采用的是什么系统?已实施时间为多长?	
4.公司的人力资源记录包括哪些内容?	
5.人力资源档案维护的权限如何?维护的依据有哪些?是否需经过审批?	
6.人力资源档案维护后的正确性如何保证?	
7.人力资源档案如何进行保密控制以及安全保障?是否根据保密程度进行分类?对每一类的查阅、修改权限有哪些限制?	

续表

问题	回答记录
8.对于人力资源档案的调用权限如何？程序如何？如因特殊需要调用人力资源档案，是否会通过特殊审批程序达到目的？	
9.公司是否有书面的薪金、津贴及福利的标准？	
10.公司的社会保险标准是否符合国家/地方政府有关规定？	
11.薪金、津贴、福利及社会保险的计算 a.如何计算？由何人计算？ b.计算中是否已包括加班、休假因素？ c.是否有对计算的复核？由何人复核？ d.是否对其审批后生效？由何人审批？	
12.薪金、津贴、福利分别通过什么形式发放？	
13.社会保险是否按时缴纳？	
14.员工的个人所得税是否代扣代缴？	
15.公司全部员工是否均需要打考勤卡？具体用何方式记录工时？	
16.如何保证考勤卡记录真实有效？	
17.员工因特殊原因未能打考勤卡，如何处理？	
18.员工出差是否需要安排计划并事先得到批准？批准的权限如何？	
19.员工能得到几种形式的休假？休假申请和取消的流程是怎样的？	
20.经批准的员工出差、休假时间如何记录？	
21.员工加班是否需要申请？审批程序如何？加班时间如何确认？	
22.员工加班将得到怎样的补偿？该补偿措施是否符合法律规定？	
23.每月是否有员工工作时间统计？是否需经过员工、管理人员和人力资源部的确认？	
24.是否制订书面的人力资源计划并经过高级管理层的审阅？	
25.公司各部门的编制是如何确定的？是否有书面的岗位资格及职责说明？人力资源部如何参与？	
26.人力资源部对于编制内的人员招聘，是主动着手招聘还是待用人部门申请后开始招聘活动？	
27.公司采用几种途径征集应聘者资料？对应聘者有哪些基本限制？	

续表

问题	回答记录
28.应聘者的考评是通过什么方式进行的？由什么人员进行考评？	
29.录用是由什么部门、什么人员确定？是否有例外？薪金、津贴、福利如何确定？	
30.新员工的录用手续如何？是否签订劳动合同？	
31.公司是否具备统一格式的劳动合同？该合同是否经过公司法律人员的确认？	
32.公司是否考虑员工的职业规划？	
33.公司是否提供适当的培训？具体的培训方式有哪些？是否有系统的公司内各岗位培训计划，还是根据各部门的需求随时设计？	
34.培训是否考虑了公司发展以及员工的需求？	
35.公司对员工的业绩考评如何进行？	
36.业绩考评结果是否由管理人员和员工双方确认？业绩考评结果如何与奖惩挂钩？	
37.员工的晋升、调派是否设定书面的标准？特殊情况需要履行怎样的特殊流程？	
38.员工的晋升流程、调派流程如何？	
39.员工合同到期时的处理方式如何？如需要与员工中止合同，公司的处理方式是怎样的？	
40.员工离职时是否有适当程序保障公司资料、财产的安全？是否进行工作的移交？	
41.人力资源部是否定期统计人员离职情况并分析原因？	
42.人力资源稳定及发展是否被视为管理人员、人力资源部重要的核心问题？	
43.人力资源信息的保密是否有分级？	
44.公司是否替员工使用了合理、合规的避税政策？	
45.公司是否给非公司编制人员发放工资和相应的管理制度？	
46.公司是否对生产工人采用计件工资？若是，则该工资数量是否有管理层的定期复核？	
47.公司是否有相应的人工定额？若是，则该定额数量是否有管理层的定期复核？	
48.在现在的工作中，您最担心或最关心的事是什么？	

11.2 人力资源档案管理

11.2.1 内部控制评价要求

人力资源档案管理内部控制要求如表11-2所示。

表11-2 人力资源档案管理内部控制要求

控制目标	风险	控制活动	相应审计程序
确保人力资源资料的安全和完整	●不完整的信息	所有人力资源的资料有系统的分类和确定的连续编号方法	A
		所有人力资源资料应及时分类归档,存放于安全的地方并由人力资源部设专人保管	A
		建立档案时,所有人力资源资料在主文件(信息汇总表)上登记	A
确保人力资源档案信息的保密性	●敏感信息的泄露 ●未经授权的接触	人力资源资料应有适当的安全防护措施,只有经过授权的人员才可以查阅、调阅	B
		对人力资源资料应确定保密级,根据保密级确定相应负责人的审批权限	B
		对不同保密级的资料须有相应的保管方式	B
		保密级资料仅限于在专管人员陪同下在档案室内查阅,不得调阅	B
		查阅、调阅资料需填制书面的查阅、调阅申请单,并根据保密级程度,按照审批权限报经相关负责人书面批准	B
		建立档案查阅、调阅的登记簿,所有的阅览均有记录,有借阅者的签字确认	B
		调阅的资料须由专人监督及时归档	B
人力资源档案的修改是准确的	●错误的人力资源信息	由适当的管理层定期对人力资源资料进行复核	C
		对人力资源资料的修改有相应的表格,如招聘评审表、离职表、工资晋升表等,并根据权限经相关负责人书面批准	D
		人力资源部职员应根据经批准的修改表格进行修改,并在资料登记簿上做修改记录	D
		人力资源信息的修改应在得到书面批准后限时完成	D

11.2.2 审计程序

人力资源档案管理内部审计程序如表11-3所示。

表11-3 人力资源档案管理内部审计程序

程序	程序操作说明
A	1. 对人力资源部相关人员进行访谈，了解有关人力资源资料管理的相关制度及规定 2. 获得书面的人力资源资料管理的相关制度及规定的范本 3. 观察人力资源资料的存放环境，评估是否能保证资料的安全 4. 获得人力资源档案范本，查看是否连续编号和使用 5. 使用判断抽样法，抽取___份人力资源资料样本，检查其内容是否与人力资源主文件一致
B	1. 对人力资源部或其他相关人员进行访谈，了解人力资源资料档案查阅、调阅流程，了解人力资源资料是否有保密级的划分，以及是否按保密级程度由专人分类保管 2. 观察保密级资料的存放是否符合保密需要 3. 获得保密级资料查阅、调阅的审批权限，检查是否有管理层的签字确认 4. 使用判断抽样法，从查阅、调阅档案登记簿中抽取___份查阅、调阅样本，查看其是否有借阅者的签字以及归还日期等 5. 追踪到相应的查阅、调阅申请单，检查其是否根据保密级程度有相应负责人的审批签字 6. 从程序B4抽取的调阅样本中，查看是否存在保密级资料被调阅的记录，如有此类情况，查看审批签字
C	1. 对人力资源部管理层进行访谈，了解其定期复核人力资源主档案的流程 2. 获得复核报告或其他书面的复核证据，确认其签字和复核日期
D	1. 对人力资源部或其他相关人员进行访谈，了解人力资源资料档案的修改流程 2. 使用判断抽样法，从档案的修改日志中抽取___份修改记录，查看其原始单据是否有相应负责人的审批签字 3. 追踪到人力资源主档案，确认修改已经被及时执行更新 4. 从以上抽取的样本中，查看修改审批时间与登记时间的间隔是否符合公司规定

11.3 薪金、津贴及社会保险

11.3.1 内部控制评价要求

薪金、津贴及社会保险业务内部控制要求如表11-4所示。

表11-4 薪金、津贴及社会保险业务内部控制要求

控制目标	风险	控制活动	相应审计程序
确保员工的薪资水平符合国家法律、公司政策，满足公司运作的需要	●违反国家有关规定 ●与公司制度不相符 ●妨碍公司的正常运营	人力资源部根据薪金的市场情况、公司的实际情况、公司的经营计划及预算情况，制定具体的薪金、津贴、计件工资或人工定额的制度或标准，并经管理层批准	A
		聘用新员工，由人力资源部根据公司制度确定其薪金、津贴标准	A
		员工晋升、调派由人力资源部根据制度确定新的薪金、津贴标准	A
		人力资源部应随时关注国家有关社会保险的相关规定，及时更新企业的社会保险制度，得到公司规定的相关负责人的审核批准	A
		人力资源部根据人事档案为所有员工投保社会保险	D
确保薪金、津贴和福利的计算准确、完整，符合国家法律	●错误的薪金、津贴 ●违反国家法律法规 ●可能的舞弊	每月由人力资源部汇总经审核的考勤记录、加班记录等时间记录，根据公司薪金、津贴制度计算薪金、津贴及扣款	B
		人力资源部每月根据公司执行的社会保险制度计算出应由员工负担的部分及应由公司负担的部分	B
		计算代扣代缴的个人所得税	B
		独立的第三人复核薪金、津贴及社会保险、个人税金及其他各项扣款等计算的正确性	B
		薪金、津贴计算表报经制度规定的适当管理层批准	B

续表

控制目标	风险	控制活动	相应审计程序
确保发放的薪金及津贴是正确、及时、安全的	●员工的投诉 ●重复支付 ●可能的舞弊行为	公司的薪金制度明确规定薪金发放时间以及代发银行	C
		人力资源部将薪金及津贴发放表以及付款申请单交财务部门,财务部门主管负责人复核审批	C
		出纳凭批准的付款申请单开出支票以及明细表交银行代发工资	C
		人力资源部制作工资单并及时在工资发放日发给所有员工	C
薪金及津贴的计提和发放被准确、及时地记录	●错误的财务记录	财务人员根据经过授权批准的、审核后的薪金、津贴发放表制作相关凭证,并登记入账	C
		财务部相关负责人应对与薪金、津贴发放有关的凭证进行审核	C
社会保险及个人所得税的缴纳是准确、及时的	●违反国家法规 ●税务机关的质询及罚款	人力资源部有专门人员办理社会保险及个人所得税事宜	D
		人力资源部每月按时填制付款申请,支付社会保险费用及代扣税金	D
员工的敏感信息如薪金等保密	●员工的积极性被挫伤	公司有禁止员工间交流薪金的制度	E
		工资单的发放有相关的保密措施	E
		只能经过授权的财务部人员才能获得员工薪金的相关信息	E

11.3.2 审计程序

薪金、津贴及社会保险业务内部审计程序如表11-5所示。

表11-5 薪金、津贴及社会保险业务内部审计程序

程序	程序操作说明
A	1.对人力资源部相关人员进行访谈,了解有关薪金、津贴、社会保险的相关制度及规定 2.获得书面的薪金、津贴、社会保险制度及规定,检查是否通过高级管理层的批准 3.审阅社会保险制度,评估与国家政策规定的符合程度

续表

程序	程序操作说明
A	4.使用判断抽样法，从人力资源档案中抽取___名新员工或新晋升、调派员工的档案，对照公司薪金、津贴制度及规定，查看其薪金、津贴标准是否符合规定 5.抽查发现不符合规定的薪金、津贴标准，查看是否有高级管理层的批准并评估其合理性
B	1.对人力资源部门相关人员进行访谈，了解薪金、津贴的计算、复核及审批流程 2.使用判断抽样法，从存档的薪金、津贴计算表中抽取___份样本，对照其考勤记录等资料，审核工资计算基础是否准确，其薪金、津贴、社会保险以及代扣个人所得税是否被准确地计算 3.查看薪资计算表是否有复核人员及人事部门主管的审批签字
C	1.对人力资源部、财务部相关人员进行访谈，了解薪金、津贴的发放制度、形式及流程 2.对公司相关员工进行访谈，了解是否按时领取工资及工资条 3.使用判断抽样法，从薪金、津贴发放记账凭证中抽取___份样本，查看是否及时发放，是否有经授权批准、审核后的薪金、津贴发放表，是否有批准的付款申请，是否有财务部相关负责人已审核凭证 4.确定财务部不能取得不应有的薪金信息
D	1.获得人力资源部投保名单，对照员工名单评估是否相符 2.使用判断抽样法，从社会保险、个人所得税明细账中抽取___份样本，追踪到社会保险缴纳单据和所得税缴纳书，查看是否按时缴纳，凭证是否有经审核
E	1.询问人力资源部关于员工间不得交流薪金情况的相关制度，并获取书面文本，查阅管理层的签字 2.观察工资单的发放过程，确认有相关保密措施 3.询问财务部相关人员关于工资发放流程并复核其书面文件

11.4 时间记录及休假

11.4.1 内部控制评价要求

时间记录及休假内部控制要求如表11-6所示。

表 11-6 时间记录及休假内部控制要求

控制目标	风险	控制活动	相应审计程序
及时、准确地记录员工的实际出勤情况	●工资不能及时发放 ●工资不能准确发放 ●人员不稳定	公司应制定书面的考勤制度,并经管理层批准或确认	A
		员工按考勤制度记录工作时间,由相应的主管负责人负责审核考勤记录	B
		员工休假时有书面请假申请,且经过适当管理层的审核批准	B
		员工出差前应有书面申请,经过规定的主管负责人的审核批准	B
		员工加班应根据考勤制度记录工作时间,由相应主管负责人审核考勤记录	B
		人力资源部负责统计考勤、出差及请假记录,并由员工确认	B
		每月人力资源部对考勤统计资料进行分析,并将结果交各部门	B
确保根据国家相关法律法规规定的员工应有权利能够得到保障	●违反国家相关法律法规的规定 ●人员不稳定	公司应制定休假制度,且休假制度应符合国家劳动法的相关规定,并经管理层批准或确认	A
		员工加班应予以记录,并符合国家劳动法的相关规定	B
		考勤记录、休假记录及加班记录应反映在薪金计算中	B
员工休假满足企业正常运作的要求	●企业运作无法顺利进行	员工休假应填写书面的休假申请书,并经主管负责人审批	B
		员工休假时应合理安排其工作代理/移交	B
休假政策有利于保护公司资产安全	●公司资产受到损失	公司应安排强制休假	C

11.4.2 审计程序

时间记录及休假内部审计程序如表11-7所示。

表11-7 时间记录及休假内部审计程序

程序	程序操作说明
A	1.对人力资源部相关人员进行访谈,了解有关考勤与休假的相关制度或规定 2.获得书面的考勤制度及休假制度范本,评估其是否符合国家有关法律法规的规定,是否有管理层的签字 3.对企业相关人员进行访谈,了解考勤制度或规定的执行情况
B	1.使用判断抽样法,从归档的资料中抽取___个月份员工的考勤统计表,查看是否有相应的分析 2.使用判断抽样法,从B1抽取的考勤统计表中,再次抽取前___名较长加班时间的员工记录,查看其加班是否经过批准,加班记录是否准确,月累计加班时间是否超过36小时 3.使用判断抽样法,从B1抽取的考勤统计表中,再次抽取前___名较长休假时间的员工记录,查看其休假是否经过批准,是否符合相关制度 4.对休假员工及主管进行访谈,了解休假期间正常工作的执行情况,评估休假对工作的影响程度 5.使用判断抽样法,从B1抽取的考勤统计表中,再次抽取前___名较长出差时间的员工记录,查看其出差是否经过批准,是否符合相关制度 6.从以上抽取的员工记录,查看该记录是否得到员工及其主管的确认 7.从财务部获得员工相应月份的员工薪金计算发放表,对照考勤记录及公司相关制度,检查考勤记录是否已被考虑
C	1.询问人力资源部的管理层,了解公司是否有强制休假的制度 2.获取强制休假制度的书面文本

11.5 雇用、晋升、调派、轮岗和合同到期及中止

11.5.1 内部控制评价要求

雇用、晋升、调派、轮岗和合同到期及中止内部控制要求如表11-8所示。

表 11-8　雇用、晋升、调派、轮岗和合同到期及中止内部控制要求

控制目标	风险	控制活动	相应审计程序
人力资源计划符合企业经营的需求	● 人力增长超出企业经营扩张需要 ● 人力成本过高	企业各部门根据企业经营规模扩大以及职能变化的需要，制订部门的年度人力资源计划	A
		部门的人力资源计划需经人力资源部综合平衡，高级管理层批准	A
		年度预算外的人员需求计划，应由需求部门专门提出，高级管理层批准	A
雇用、晋升、调派适应企业文化并具有胜任能力的人	● 员工无法适应企业文化环境 ● 员工无法达到职位资格要求 ● 企业运营缺少合适的人力资源	各用人部门应详细、明确地提供职位说明以及资格要求，并在发生变更时及时修订	B
		对雇用不同职位的人员设计不同的面试程序，人力资源部与需求部门均应参加，面试记录必须填写完整	B
		设定晋升标准，并应与业绩评价结合	C
		调派人员需符合职位要求，并且经原用人部门、人力资源部、调派部门三方的审核	D
		人力资源部应将拟录用、晋升、调派人员的名单依据人事权限交相应的管理层批准	B/C/D
		人员雇用前进行身体检查	B
维护人员的稳定性	● 错失优秀的人才 ● 人员的不稳定 ● 用人成本的提高	员工合同到期或中止，用人部门应向人力资源部提出，由人力资源部与员工交谈后作出复核意见	E
		人员的稳定性（离职率）作为用人部门领导及人力资源部的考核指标之一	F
		人力资源部每月统计离职的员工数量及其原因，计算离职比例	F
人员雇用、晋升、调派、合同到期及中止程序符合相关法规及公司制度	● 不正确的雇用、晋升、调派 ● 员工中止造成的企业损失	制定书面的雇用、晋升、调派、合同到期及中止制度，企业所有活动依据该制度执行	B/C/D/E
		人力资源部与新雇用的员工签订劳动合同，办理录用手续与合同到期及中止的员工办理退工手续	B/E

续表

控制目标	风险	控制活动	相应审计程序
人员雇用、晋升、调派、合同到期及中止程序符合相关法规及公司制度	● 违反国家《劳动法》及企业规定	人力资源部与新雇用或调岗的从事特定岗位的员工签订适当协议（如保密协议和非竞争协议等）	B/D
		使用劳动部门统一的劳动合同或经企业法律人员审核的劳动合同	E
		员工合同终止时履行终止程序和适当的离职交接程序，确保企业的资产被归还，工资被准确地计算	G
经济有效的雇用活动	● 过高的招聘成本	人力资源部在年度预算中单列招聘费用预算，并由高级管理层批准	H
		人力资源部根据职位、时间要求、重要性的不同选择经济、有效的招聘方式	H
岗位设计是合理的，岗位政策有利于保护公司资产	● 公司资产损失 ● 潜在的舞弊可能	公司设立轮岗政策	I
		公司的岗位设计有书面的存档，并经适当的管理层复核批准	J

11.5.2 审计程序

雇用、晋升、调派、轮岗和合同到期及中止内部审计程序如表11-9所示。

表11-9 雇用、晋升、调派、轮岗和合同到期及中止内部审计程序

程序	程序操作说明
A	1.获得各部门年度人力资源计划及汇总各部门计划并经平衡调整后的企业人力资源年度计划，查看是否有高级管理层的签字或者确认 2.从人力资源部获得审计年度末企业人员汇总表（分部门），与财务部取得的工资发放人数核对一致 3.对比各部门实际雇员人数与年度计划的差异 4.向人力资源部了解产生差异的原因 5.对于实际雇员超出计划的部门，查看计划外雇用需求文件，是否经高级管理层的签字或者确认

续表

程序	程序操作说明
B	1.获得企业职位设置以及职位说明书面文件，检查是否一致 2.获得企业有关雇用的政策与程序，查看是否有适当的管理层的签字，是否有保密协议的要求和签订 3.使用判断抽样法，从归档的人力资源档案中抽取___名本年度雇用人员的简历、面试记录、管理层对雇用的批准文件、体检记录、录用文件、劳动合同，检查文件是否符合程序及批准签字是否齐全 4.对照雇用职位资格要求，检查招聘简历、面试记录及体检记录的符合程度
C	1.获得企业有关晋升的政策与程序，查看是否有适当的管理层的签字 2.使用判断抽样法，从归档的人力资源档案中抽取___名本年度晋升人员的简历、业绩考评资料、晋升文件、批准文件，检查文件是否符合程序及批准签字是否齐全 3.对照晋升职位资格要求，检查简历、业绩考评资料的符合程度（详见：业绩评价）
D	1.获得企业有关调派的政策与程序，查看是否有适当的管理层的签字，是否有保密协议的要求 2.使用判断抽样法，从归档的人力资源档案中抽取___名本年度调派人员的简历、调派文件、批准文件，检查文件是否符合程序及批准签字是否齐全 3.对照调派职位资格要求，检查个人简历、调派的符合程度
E	1.获得企业有关合同到期及中止的政策与程序，查看是否有适当的管理层的签字 2.使用判断抽样法，从归档的人力资源档案中抽取___名本年度合同到期或中止人员的资料，检查人力资源部面谈记录、合同到期及中止批准文件、退工文件是否齐全，是否符合程序及批准签字是否齐全 3.获得劳动合同样本，询问企业法律顾问该合同是否符合国家法律要求
F	1.获得企业各部门领导及人力资源部的考评指标，是否将员工稳定性作为指标之一 2.获得人力资源部定期的离职统计资料及比例报告，查阅管理层的审核签字 3.复核报告，查看有无异常趋势，若有，查核是否作合理的分析，若无，与人力资源部访谈了解原因
G	1.访谈人力资源部，了解离职员工所办的手续，员工提出离职后的信息取得权限和接触限制 2.使用审计程序E2中抽样的离职人员资料，获得其离职申请表，查看是否有各部门的相关负责人（如IT部门、人事部、财务部、行政部和业务部门等）的签字 3.询问并评估离职程序的合理性 4.用判断抽样法，抽取___名离职人员资料样本，查核是否有离职书

续表

程序	程序操作说明
H	1. 获得人力资源部关于审计年度招聘费用的预算，与财务部获取的资料核对是否一致，并检查是否有高级管理层的签字或者确认 2. 从财务部获得本年实际招聘费用，与预算进行比较 3. 向人力资源部了解其招聘方式及分别的使用原则，并获得书面文件 4. 使用审计程序B3中抽样的雇用人员资料，检查其招聘方式是否与招聘规定相符
I	询问并获得轮岗制度的书面文本
J	1. 询问人力资源部关于岗位设计的相关信息，如设计流程、参与设计的人员、管理层审批程序等 2. 获取岗位设计的相关文件，如流程图、职责矩阵等，检查其是否有管理层的复核，其内容是否有悖于公司的政策 3. 对于发现的问题，寻求管理层的解释与说明

11.6 人员的培训

11.6.1 内部控制评价要求

人员的培训内部控制要求如表11-10所示。

表11-10 人员的培训内部控制要求

控制目标	风险	控制活动	相应审计程序
培训满足企业发展及员工发展的需要	● 企业发展缺乏动力 ● 员工发展滞后	人力资源部根据企业战略发展规划制订配套的培训目标、计划	A
		员工根据企业发展规划及自己的职业规划，提出对培训的需求	A
确保员工得到足够的培训	● 员工缺乏对企业文化的深度认可 ● 企业员工知识老化	设计各层级（新员工、转正、各职阶）、各部门、各岗位的培训课程	B
		员工新进企业、转正、晋升之前必须经过适当的培训，合格后方能实现转正、晋升等程序	B
		培训记录列入员工个人资料	C

续表

控制目标	风险	控制活动	相应审计程序
培训按计划进行并是有效果的	● 培训与需求相关程度低 ● 培训流于形式 ● 培训未发挥效用	每年度各部门根据企业发展和员工发展制订各自的培训计划	A
		人力资源部经汇总平衡后制订年度培训计划及预算,包含在人力资源计划中,由高级管理层批准	A/D
		各部门按人力资源部平衡后的计划调整自己的培训计划,并在计划时间提出培训要求,人力资源部执行培训	B
		每次内部培训后,人力资源部应对培训效果征求受训人员意见,并定期统计,以作为未来改进依据	B
		员工参加外部培训,应将培训内容及心得整理后交部门主管审核,最终由人力资源部存档	B

11.6.2 审计程序

人员的培训内部审计程序如表11-11所示。

表11-11 人员的培训内部审计程序

程序	程序操作说明
A	1.获得人力资源部培训工作规划,评估是否与企业发展规划相适应 2.对企业员工进行访谈,了解员工提出培训需求的方式、程序及结果,了解他们对企业提供的发展机遇的看法 3.获得各部门的年度培训计划 4.获得人力资源部的年度培训计划及预算,查看是否有高级管理层的签字或者确认
B	1.使用判断抽样法,从归档的培训文件中抽取___张样本资料,查看是否处理员工的培训需求,是否按计划执行培训,培训的内容是否与计划一致,是否取得培训反馈意见或员工的培训总结与心得 2.使用判断抽样法,从归档的培训文件中分别抽取___张新入职员工、转正员工、晋升员工的资料,查看是否有相应的培训合格记录,并且所接受的培训是否相符
C	审阅员工档案,查看是否有培训的相关记录作为档案的一部分
D	从财务部了解培训费用的支出情况,检查培训预算的执行情况

11.7 业绩考评

11.7.1 内部控制评价要求

业绩考评内部控制要求如表11-12所示。

表11-12 业绩考评内部控制要求

控制目标	风险	控制活动	相应审计程序
绩效考评能客观公正地评价员工	●考评无效化 ●员工积极性的丧失	企业制定业绩考评的相关流程或制度，如考评的周期、考评的具体方法，以及按不同岗位设计的具体、客观、合适的考评标准，并得到管理层批准确认	A
		考评过程采取主管与员工面谈的方式，主管对员工的评价应得到员工认可，双方均在考评文件上签字确认	A
		员工如对主管的评价意见不予认可，人力资源部调查并最终确认考评结果	A
		绩效考评流程、方法、标准应事先被员工所认知	A
绩效考评有助于提升员工的士气，帮助企业发展	●公司文化的破坏	绩效考评记录应列入员工个人资料，由人力资源部负责归档保管	A
		员工奖励、惩罚、晋升、调派、续约、解除或中止合同均应依据绩效考评记录	A

11.7.2 审计程序

业绩考评内部审计程序如表11-13所示。

表 11-13　业绩考评内部审计程序

程序	程序操作说明
A	1. 访谈管理层了解企业是否有业绩考评的流程或制度，并获得流程制度，查看是否得到高级管理层批准 2. 使用判断抽样法，对 ___ 名员工进行访谈，了解他们对于业绩评价流程及标准的知晓程度，以及实际的评价过程与方法 3. 使用判断抽样法，从归档的业绩评价文件中抽取 ___ 张样本资料，查看是否按规定的周期、方法、标准进行业绩评价，是否有评价双方的签字、人力资源部的确认等 4. 追踪样本员工到其工资水平变化记录或其他升迁记录，确认业绩考评对薪金和晋升的影响

第12章

业务内部控制审计——资金管理

12.1 资金管理业务流程概要

12.2 贷款管理

12.3 现金管理

12.4 票据管理

12.5 股票债券的短期投资

12.6 电子银行支付的控制

12.1 资金管理业务流程概要

资金管理业务流程包括图12-1所示审计子项。

图12-1 资金管理业务流程审计子项

内部审计人员在对公司的资金管理业务进行内部控制审计前,应制定调查问卷(如表12-1所示)并开展调查。

表12-1 资金管理业务调查问卷

问题	回答记录
1.公司资金管理的政策是什么?具体包括哪些内容?分别由哪些职能部门具体负责?	
2.内部银行的运作模式是否充分考虑了合法合规性?	
3.公司资金是否通过电子支付、网上银行等现代管理手段?	
4.公司的融资策略如何?融资采取的保证方式是怎样的?	
5.融资是否制订计划?决策程序是怎样的?融资决策是否以资金的成本费用分析作为科学融资的依据?	
6.公司的银行信用等级是什么?是否得到银行的授信?公司融资额占所有授信额度的比例为多少?	
7.公司融资的主要投向有哪些?对融资资金的使用效果的评价有哪些?	
8.公司是否对外提供担保?是否制定担保的政策和程序?执行情况如何?	
9.公司融资的还本付息是否及时?	
10.是否有同一法人内部的资金调拨?若有,请介绍其审批流程	
11.是否公司所有可以收取库存现金的出纳室或其他地点,都被包括在现金管理的日常活动中,受到严格的控制?	
12.是否所有的支票在收到以后就会及时加以处理?	

续表

问题	回答记录
13. 出纳室是否有足够的物理上的安全措施？出纳室的钥匙是否由少数的经授权的人保管？	
14. 出纳室是否在无人的时候上锁？	
15. 是否有每日库存现金盘点报告并定期经相关管理人员复核？	
16. 库存现金盘点是否由独立的人员不定期地突击进行？	
17. 收到现金后是否正确及时地入账？对于无法入账的情况（如无法鉴别其对应账户、相关来源、相关性质等）是否会及时跟进调查原因？是否定期对已入账的现金收入进行复核？	
18. 是否有岗位的职责分工来区分现金收入和应收账款记录的不相容职责？	
19. 是否所有借给员工的备用金都有明细记录？	
20. 现金是否每日存入银行？若不是，则存款的额度和频度如何？	
21. 如何控制保证所有收到的现金都记入公司账户？	
22. 所有从银行得到的单据中，如银行对账单、进账通知单、存款单等，是否由一个独立于存款经办人的人员进行业务处理？	
23. 每月是否由独立于银行存款经办人的人员制作银行存款余额调节表？银行存款余额调节表是否由财务主管人员审阅？	
24. 现金收据、销售凭证、各种收据等单据是否有事先的编号？	
25. 事先编号的单据是否在使用和归档中考虑其连续性？	
26. 对于作废的或拒付返回的支票有无有效的管理？	
27. 是否所有的公司生息账户的利息都被记录，并报告给一个不处理现金收支的人员？	
28. 公司使用的票据有哪些种类？是否使用商业承兑汇票？	
29. 是否使用登记簿记录各种票据的购入、使用、作废及领用等？	
30. 空白票据如何保管？领用空白票据是否被严格限制？如何控制？	
31. 商业汇票的承兑是否经过适当审批？承兑所带来的潜在负债是否按规定披露？	
32. 短期投资的政策及制度是怎样的？请介绍短期投资的授权过程	
33. 短期投资的品种有哪些？是否针对投资品种设定止损点控制？	
34. 短期投资的执行、审批、记录是否由不同的部门或岗位完成？	
35. 对短期投资是否进行投资效益评价？评价的方式如何？	

续表

问题	回答记录
36. 是否使用电子银行支付？电子支付的操作流程和审批程序是怎样的？	
37. 电子支付的计算机与公司网络和外部网络的连接情况是怎样的？	
38. 有没有为保护电子支付程序的备份措施？介绍一下相关的备份政策	
39. 请介绍一下电子支付加密使用的技术 　　a. 对称加密　　　　b. 非对称加密 　　c. 电子签名技术　　d. 密钥的长度	
40. 其他货币资金包括哪些？如何管理？	
41. 在现在的工作中，您最担心或最关心的事是什么？	

12.2 贷款管理

12.2.1 内部控制评价要求

贷款管理内部控制要求如表12-2所示。

表12-2　贷款管理内部控制要求

控制目标	风险	控制活动	相应审计程序
融资预算和授信额度的建立/更新符合公司的战略规划，决策程序透明化	● 融资预算和授信额度与公司战略规划不相吻合 ● 潜在的舞弊行为	根据公司发展规划、经营计划估算公司对新增信贷资金的需求，制定融资预算申请或信用额度更新，上报董事会授权批准	A
		银行授信条款需经有关职能部门充分讨论，授信协议需得到公司管理层审批	B
项目融资计划配合公司投资计划的开展	● 投资项目无计划	项目融资的安排随项目立项而启动，由资金部和项目小组根据企业规划、项目性质和资金缺口共同制定融资方案，并经相关职能部门的充分讨论	C
		将融资方案建议书交公司管理层复核及审批，管理层根据企业规划来选择融资方法	C
		管理层监控项目资金与项目进度的同步过程	D

续表

控制目标	风险	控制活动	相应审计程序
融资活动经适当授权，并符合企业最大利益	●未选择最佳融资方案 ●企业利益的损失	融资申请与预算相核对，如在预算外融资需经财务部、资金部等相关部门充分讨论后由董事会审批	E
		资金部将与银行协商一致的贷款合同交管理层审阅，并对照原融资方案中预设的金额、利率、期限等做偏差分析，贷款合同得到管理层批准后签署	F
		管理层复核融资活动中的费用支出（包括资金成本以及一些特殊费用等）	F
银行融资文件应合法合规	●信贷条款不合规	融资文件经过法律部审核	G
银行授信、融资文件得到妥善保存	●信贷文件缺失	签署的授信协议、贷款合同原件应由专人存档保存	H
授信情况和资金到位、使用情况得到及时有效监控	●低效利用资金 ●出现资金缺口	定期编制信贷资金使用计划，包括各个项目资金具体投入时间、累计闲散资金使用计划等，由管理层审阅后批准	I
		定期编制信贷资金到位和使用状况报告及还贷情况表，编制每个贷款行的授信额度余额表，上报管理层审阅	I
		定期监控资金使用效率，上报管理层审阅	I
		定期滚动编制贷款到期情况一览表和资金付息情况一览表，报管理层审阅后交资金部安排，融资人员负责确保准时还款或展期	J
担保符合相关政策	违反法律法规	资产抵押、质押、担保必须事前提出申请，财务部、资金部、法律部等批注意见，由董事会批准后方可进行	K
		资产抵押、质押、担保的法律手续及要求被担保公司的反担保手续由法律部协助完成，保证业务合法合规操作	K
		董事会批准的资产抵押、质押、担保的合同及其他相关法律文件由专人保存并建立台账，新增和注销的资产抵押、质押、担保及时入账	L

12.2.2 审计程序

贷款管理内部审计程序如表12-3所示。

表12-3 贷款管理内部审计程序

程序	程序操作说明
A	1.访谈编制资金预算的部门（财务部或资金部），了解编制资金预算或授信额度预算的流程，与公司的战略目标、经营计划的关系，以及预算的批准人等 2.选取当年编制的资金预算，了解并核对其与经营计划的联系，查看有无董事会的批准
B	1.对负责融资的部门（财务部或资金部）进行访谈，了解授信协议的签署过程，包括讨论与审批流程 2.追踪相关的会议纪要，检查是否按规定进行讨论与审批
C	1.访谈资金部及投资部，了解项目融资方案的制定过程 2.采用判断抽样法随机选取___个项目融资方案，了解对应的投资项目追踪到相关的会议纪要，检查是否按规定进行讨论及管理层的审批
D	1.访谈资金部及投资部，了解项目融资与项目进度的同步控制 2.获得项目资金与项目进度的控制文件，复核其是否经适当管理层的审阅，其控制方法是否有效
E	1.与资金部进行访谈，了解预算外融资的控制方法 2.采用判断抽样法随机选取___个项目融资申请，查看与预算相核对的签字确认，并判断是否在预算内 3.样本如在预算外，则检查是否存在相应的各部门讨论记录与董事会批准文件
F	1.采用判断抽样法抽取___个贷款合同，查找有无管理层的审批文件（如批复） 2.询问融资部关于融资费用控制的流程、制度等情况 3.获得相关文件如费用报销记录、融资费用预算等，复核其有无管理层的签字
G	采用判断抽样法抽取___个融资计划，检查有无法律部对条款的审阅意见并签字确认
H	1.与负责保存信贷资料的部门进行访谈，了解信贷档案是否由专人负责管理以及归档手续 2.采用判断抽样法抽取___笔公司借入贷款，现场检查相关的信贷文件是否有专门的台账管理，文件的归档/出借是否有记录，原件是否按规定妥善保管，档案柜是否防水火

续表

程序	程序操作说明
I	1.对财务部或资金部进行访谈,了解资金定期报表和资金效率分析报告的编制程序,包括内容、编制人、复核人、审批人、编制的频率等 2.采用判断抽样法抽取___张资金报表(如资金使用计划、资金到位和使用状况表、资金效率分析报告、还贷情况表、授信余额表等),判断是否按规定的频率定期编制,有无独立于制表人的复核签字,以及管理层的审阅签字
J	1.对财务部或资金部进行访谈,了解还本付息一览表的编制程序,包括内容、编制人、复核人、审批人、编制的频率等 2.采用判断抽样法抽取___张还本付息一览表,判断是否按规定的频率定期编制,有无独立于制表人的复核签字,以及管理层是否审阅 3.将最近的还本付息一览表的加总数与账面余额核对,复核是否有逾期贷款未还或未续签合同,并追踪获取和查看合同
K	1.对财务部、资金部进行访谈,了解公司对外抵押、质押、担保的控制流程,包括申请程序、审批程序、审批权限等 2.取得公司对外抵押、质押、担保的书面政策,查看管理层的签字 3.采用判断抽样法从公司的抵押、质押、担保记录中抽取___个抵押、质押或担保的申请报告,检查有无相关部门的讨论记录或书面意见,以及高级管理层的审批意见 4.追踪到相应的抵押、质押或担保合同,检查该合同是否经法律部办理,高级管理层有无批准,以及是否取得了相关的反担保
L	1.对负责保存抵押、质押、担保资料的部门进行访谈,了解档案是否由专人负责管理以及归档手续 2.现场检查相关文件的归档/出借是否由专人及时记录,原件是否按规定妥善保管,档案柜是否防水火 3.采用判断抽样法从抵押、质押或担保文件中抽取___张,检查相应的增加或注销是否全部及时记录在台账中

12.3 现金管理

现金包括银行存款、库存现金、信用卡存款、在途资金、备用金等广义的现金。狭义的现金在本节将被表述为库存现金。

12.3.1 内部控制评价要求

现金管理内部控制要求如表12-4所示。

表12-4 现金管理内部控制要求

控制目标	风险	控制活动	相应审计程序
制定财务工作中的岗位分工及授权批准的相关政策	●违反国家财务法规 ●未经授权的交易 ●潜在的舞弊风险	建立现金业务的岗位责任制,明确相关部门和岗位的职责权限,确保办理现金资金业务的不兼容岗位相互分离、制约和监督	A
		在现金业务中建立严格的授权批准制度,明确审批人对货币资金业务的授权批准方式、权限、程序、责任和相关控制措施,规定经办人办理货币资金业务的职责范围和工作要求	A
所有收到的现金都被准确、及时地记录	●现金收入信息的丢失 ●收款重复记录的可能 ●现金收入信息不准确	收到客户的现金时为客户开具连续编号的现金收据,现金收据入账后加盖现金收讫章	B
		单位应当指定非收款人员定期核对银行账户,每月至少核对一次,编制银行存款余额调节表,如调节不符,应查明原因,银行存款余额调节表应由财务主管审阅并签字批准后及时做账务处理	C
现金收付、保管及存入银行等活动符合相关财务法规的规定	●违反国家财务法规	规定现金库存限额,收到的现金应及时存入银行	D
		用不同的岗位分工来区分现金收入和现金支出的不相容职责,有政策规定收到的现金每日存入银行,杜绝坐支情况的发生	E
保证库存现金记录及银行存款余额记录的准确	●违反国家财务法规 ●现金记录信息及银行存款信息不准确	现金日记账的账面余额必须与库存数相核对	F
		单位应当定期和不定期地由出纳以外的人员进行现金盘点,确保现金账面余额与实际库存相符,对于不符的项目及时查明原因处理	G

续表

控制目标	风险	控制活动	相应审计程序
支付符合公司政策和管理层意图	● 未经授权的支付 ● 潜在的舞弊风险	在现金业务中建立严格的授权批准制度，明确审批人对货币资金业务的授权批准方式、权限、程序、责任和相关控制措施，规定经办人办理货币资金业务的职责范围和工作要求	A
		支付申请单需按授权批准制度规定经过适当的审核，支付时出纳按政策规定检查支付申请单是否经过适当的授权审批程序，确认无误后付款	I
准确地记录现金和银行支出	● 财务信息不准确 ● 丢失文件或信息	单位应当指定非收款人员定期核对银行账户，每月至少核对一次，编制银行存款余额调节表，如调节不符，应查明原因，银行存款余额调节表应由财务主管审阅并签字批准后及时做账务处理	C
		已支付的付款申请加盖付讫章	I
安全地保管现金和相关的财务记录	● 现金及记录的丢失 ● 未经授权的篡改 ● 潜在的舞弊可能	公司有支票登记本记录支票的使用情况，支票登记本上支票按编号连续记录，作废支票有完整记录	J
		制定现金保管制度，严格限制接触到现金的人员，出纳室有足够的物理安全保证	K
		只有经管理层授权、有工作需要的人才可以接触及修改应收账款/应付账款及现金收入/支出凭证	L
		出纳室配备2把钥匙，每把钥匙都需要有备份，取得备份钥匙需要有授权	H
与现金相关的票据及银行预留印鉴受到严格的管理监控	● 潜在的空白票据的遗失和被盗用的可能 ● 印鉴被滥用的可能	明确各种票据的购买、保管、领用、背书转让、注销等环节的职责权限和程序，并专设登记簿进行记录	M
		财务专用章应由专人保管，个人名章必须由本人或其授权人员保管；票与章分开保管	N
		按规定需要有关负责人签字或盖章的经济业务，必须严格履行签字或盖章手续	O

续表

控制目标	风险	控制活动	相应审计程序
确保备用金的安全和记录准确	● 擅自挪用、借出备用金 ● 虚假的财务信息	制定备用金管理制度，规定单位或员工备用金额度，借出备用金款项必须执行严格的授权批准程序	P
		定期与领用备用金的员工进行余额的核对，对存在的差异调查原因并及时调整	Q

12.3.2 审计程序

现金管理内部审计程序如表12-5所示。

表12-5 现金管理内部审计程序

程序	程序操作说明
A	1.对财务主管进行访谈，了解公司是否有岗位责任制/授权批准制度的相关指导手册 2.获得书面的财务人员岗位责任制/授权批准制度手册 3.对照国家相关财务法规，评估岗位责任制/授权批准制度是否合理 4.询问具体的操作人员，确认岗位分工政策和授权审批制度的执行情况
B	1.访谈出纳，了解收入现金是否开具收据 2.获取现金收据记录，检查现金收据连续编号情况 3.使用判断抽样法，从现金收入账中抽取___笔现金收入业务，测试有无现金收据附件，收据上是否加盖现金收讫章
C	1.通过对财务部的访谈，了解银行余额调节表的制作周期及制作人 2.使用判断抽样法，获取___份银行余额调节表，检查财务主管的签字 3.追踪调节表中的异常项目，调查其原因并确认其是否被及时地跟进处理 4.追踪银行余额调节表中的调整项到财务账，核实调整是否被及时更新
D	1.通过访谈，了解公司有无有关现金库存限额和定期存入银行的规定 2.复核现金日记账中的每日现金余额，与规定做比较 3.使用判断抽样法，从现金日记账上选取___笔连续的存款记录，追踪到原始的存款回单，并依据日期评价其及时性
E	1.通过访谈财务主管，了解现金收入与现金支出的职责是否由不同的人员履行 2.通过访谈，了解公司是否有禁止坐支的规定
F	1.通过对财务部的访谈，了解公司是否设置了现金和银行存款日记账 2.获得现金和银行存款日记账，复核其登记的记录是否逐日登记 3.在出纳协助下盘点现金，检查库存现金与现金日记账余额是否相符

续表

程序	程序操作说明
G	1.通过访谈财务主管,了解公司是否有定期和不定期盘点现金的制度 2.使用判断抽样法,获取___份盘点记录,检查是否有盘点人的签名,检查盘点人是否为出纳以外人员
H	1.询问了解出纳室是否有2把钥匙及备用钥匙获得的相关流程 2.查核备用钥匙领用登记簿是否有领用人的签字并记录了时间和领用缘由
I	1.了解支付程序,获得书面的控制单据如支付申请单 2.使用判断抽样法,从银行日记账上选取___笔记录,追踪到对应的付款凭证,查看所附的支付申请单是否有相应审批人员的签字 3.确认所附的支付申请单上是否有付讫章
J	1.通过访谈相关财务人员,了解支票使用的记录情况 2.获得支票登记本,查看支票是否按编号连续记录,作废支票是否有完整记录 3.使用判断抽样法从支票登记本上,抽取___张作废支票的记录,追踪到具体的作废支票,查看其是否被良好地保管,支票上有作废字样
K	1.获得现金保管制度,分析保管制度是否健全 2.访谈相关财务人员,了解他们对现金保管制度的理解程度及制度的执行情况 3.实地观察出纳室情况,判断是否存在安全隐患
L	1.访谈财务部管理层,了解关于现金会计记录的授权接触和使用情况 2.现场观察财务部现金收付的运作情况,确认只有经过授权的人员可以处理相关信息
M	1.获得有关各种相关票据使用程序及使用权限的有关规定 2.通过对相关财务人员的访谈,了解相关规定的理解程度和执行情况 3.获得各种相关票据的使用登记本,查看其使用登记情况与政策是否相符 4.实地监盘空白票据并调查出现任何异常情况的原因
N	1.通过对财务主管的访谈,了解财务专用章及个人名章的保管规定 2.获得主要业务章的留印样本 3.访谈相关人员,了解印章的实际保管情况是否符合规定
O	1.通过对财务主管的访谈,了解并获得相关经济业务审批的相关规定 2.使用判断抽样法,从相关的文件如合同中抽取___笔业务,对应相应的规定检查这些业务是否按规定经过适当审批签字 3.将样本中的盖章与程序中的留印样本相比较
P	1.通过对财务主管的访谈,了解公司是否有关于备用金的审批制度并获得此项规定 2.获得目前有资格持有备用金的人员和单位的名单,使用判断抽样法抽取___个员工的记录,并追踪到备用金申请单 3.对照备用金审批制度,检查备用金申请单是否有相关审核人员的签字
Q	1.访谈财务部相关人员,了解是否有备用金定期对账制度以及对账的频度 2.检查对账留下的书面轨迹,如签字确认等 3.若有差异,确认是否有及时的调查和调整措施

12.4 票据管理

票据,包括商业汇票、本票以及其他银行票据,不包括支票。支票管理在"12.3 现金管理"中有叙述。

12.4.1 内部控制评价要求

票据管理内部控制要求如表12-6所示。

表12-6 票据管理内部控制要求

控制目标	风险	控制活动	相应审计程序
票据政策和票据活动应当遵守国家法律、行政法规的规定	●违反国家法律、行政法规的规定 ●损害社会公共利益 ●给公司造成负面的社会影响	公司应制定有关票据的管理制度,该管理制度应遵守国家有关法律、法规的规定	A
		公司制定的有关票据的管理制度应经过高级管理层的审批,并且下发到相关部门	A
票据活动符合公司规定	●违反公司规定 ●未经授权的票据	票据应根据适当管理层审批后的付款凭证签发	B
		票据的背书、转让和贴现应当遵守票据管理制度,并经适当的管理层审核批准	B
票据具有安全性	●票据丢失、被盗或发生其他损失	票据由专人负责保管,应有专门的、安全的存放地	C
		设置票据登记簿,登记各类票据的取得、领用/使用、背书、作废等,并由相应人员签字	B
		空白票据的领用被严格控制,如有发生,应经过适当管理层审批,并且由票据管理人员追踪票据使用情况	B
		定期盘点库存票据	C
		如发生票据丢失、被盗等,应及时按规定处理	C

续表

控制目标	风险	控制活动	相应审计程序
票据入账正确	●不完整、不准确的信息	票据贴现后应在适当的报告中披露贴现信息	B
		票据的记账凭证由制作人以外的财务人员核对相应的原始单据	B
		由专人复核贴现利息计算的正确率	D

12.4.2 审计程序

票据管理内部审计程序如表12-7所示。

表12-7 票据管理内部审计程序

程序	程序操作说明
A	1.对财务部相关人员进行访谈，了解公司有关票据管理的制度或规定 2.获得书面的票据管理制度或规定的范本，评估是否符合国家法律规定，检查是否有管理层的审批签字 3.根据了解到的政策下达部门，询问该部门的操作人员对政策的了解程度
B	1.对票据管理的执行部门进行访谈，了解票据签发、转让及贴现的工作流程 2.对照票据管理的制度或规定，评估申请流程与政策的符合程度 3.获得票据登记簿，查看是否按规定登记 4.使用判断抽样法，从已使用的票据记录中抽取＿＿份样本，对照付款凭证，查看是否有相应管理层的审批签字 5.检查已领用的票据记录，查看是否存在未指定用途或金额的票据被领用，如果存在，是否有相应管理层的签字，事后该票据的使用是否得到财务人员的确认 6.使用判断抽样法，从票据记录中抽取＿＿份转让、贴现的票据样本，查看是否有适当管理层的签字 7.从票据记录中统计最近＿＿个月的贴现记录，对照财务报告，检查信息披露是否完整 8.询问关于票据记账凭证的制作过程和人员 9.从应收/应付票据的记账凭证中用判断抽样法抽取＿＿张凭证样本，检查凭证制作人与复核人的签字，并追踪到原始单据

续表

程序	程序操作说明
C	1.对库存票据进行盘点，查看是否由专人保管，是否有专门的存放地，是否与记录相符 2.获得以前的盘点记录，查看是否与规定的间隔期一致，票据是否与记录相符，发生差错的处理是否合适 3.观察票据的存放地点，评估其防火、防盗等安全性 4.询问了解公司票据丢失、被盗后的内部处理、补救措施是否适当和及时
D	1.询问了解公司是否有专人复核贴现利息计算 2.用判断抽样法抽取___份贴现利息计算表或其他书面文件，查阅有无复核人员的签字 3.复算贴现利息，确认其计算的正确性

12.5 股票债券的短期投资

12.5.1 内部控制评价要求

股票债券的短期投资内部控制要求如表12-8所示。

表12-8 股票债券的短期投资内部控制要求

控制目标	风险	控制活动	相应审计程序
投资方式符合国家法律的规定、公司管理层的意志以及公司的实际情况	●违反国家法律 ●管理层的意图无法贯彻执行 ●投资组合不佳	投资方式经过专职法律人员审核	A
		经管理层研究通过投资组合方案	A/B
		投资方式经过高级管理层的审批，并且下发到相关部门	A/B
投资额度的确定符合各级权限的规定以及公司实际状况	●越权投资 ●过度投资 ●资金闲置	投资额度超过权限的经董事会批准，所有投资额度申请必须填写正式书面表格，归档备查	A/B
		财务部定期计算投资头寸并及时反馈给管理层	C
		管理层定期复核投资头寸，根据公司情况随时修正投资额度	C

续表

控制目标	风险	控制活动	相应审计程序
确保投资及投资收益的安全及流动性	● 投资损失 ● 投资随意性	投资部门随时了解投资环境、投资市场动向	D
		管理层研究确定一个止损点,并随市场的变化及时修正	D
		投资结束后进行客观评价	E
		管理层评价优劣、总结经验,形成记录归档备查	E
良好的职责分工	● 舞弊的可能 ● 潜在的投资损失	投资制度的审批和执行岗位分开	F
		实际投资工作中审批、执行和记录的岗位职能相互分离	F
投资文件的安全	● 被盗、丢失 ● 毁损	制定保管制度,确定专人保管	G
		有关投资协议及有价证券的使用,须经专人批准,并有详细记录	G
短期投资的记录准确、及时	● 财务信息不正确	有股票、债券的登记簿记录所有交易的信息	H
		短期投资的记账凭证应由制作人以外的财务人员核对相应的原始单据	H

12.5.2 审计程序

股票债券的短期投资内部审计程序如表12-9所示。

表12-9 股票债券的短期投资内部审计程序

程序	程序操作说明
A	1.对投资部、财务部或其他相关人员进行访谈,了解投资政策制定的依据以及参与制定政策的人员和下达到部门的情况等 2.获得书面的投资政策范本,检查是否有高级管理层、法律顾问以及参与制定的负责人的签字或者确认 3.根据了解到的政策下达部门,询问该部门的操作人员对政策的了解程度 4.评估投资政策在相关部门贯彻执行的程度

续表

程序	程序操作说明
B	1.对投资政策的执行部门进行访谈，了解投资方式、额度及投资组合的申请流程 2.对照投资政策，评估申请流程与政策的符合程度 3.使用判断抽样法，从归档的文件中抽取___张投资申请单样本，查看是否有相应管理人员的审批签字 4.追踪到投资组合的记录文件，查看是否被更新
C	1.对财务部进行访谈，了解投资头寸的计算过程和周期 2.询问管理层对于定期复核投资头寸的事项，评估其对于该控制点的认知情况 3.获取投资头寸复核报告，并检查管理层的复核签字 4.检查复核报告的日期，判断其复核频率，并与投资政策相对照检查其执行情况
D	1.对管理层及投资部门进行访谈，询问是否随时了解投资环境及市场动向 2.查阅有关记录，检查是否存在投资止损点及是否随市场变化进行修正 3.对财务部门进行访谈，询问财务人员是否及时按成本法确认投资收益并正确入账 4.检查有关投资收益记录是否正确
E	1.对投资部门进行访谈，询问投资效果评价的情况 2.获得分析报告，检查该记录是否有管理层的签署意见，并评估分析内容的适当性
F	1.访谈投资的审批、执行、记录等人员，了解岗位设置的相关信息 2.检查历史记录是否手续齐全 3.观察投资活动流程，确定各岗位职责明确、不相容
G	1.对投资部门或者投资资料的管理部门进行访谈，询问投资资料包括的信息内容和保管的方式，以及哪些人可以看到投资额度的信息 2.在相关的文档如投资政策中，查看对于限制接触的有关规定，并询问操作人员和投资信息管理者的认知度 3.现场检查存放投资协议和有价证券地的物理安全措施 4.查阅投资协议和有价证券的有关保管记录 5.核对有关协议和资料的真实性、完整性
H	1.询问、获得股票债券的交易登记簿并查阅其完整性 2.询问关于短期投资记账凭证的制作过程和人员 3.从短期投资记账凭证中用判断抽样法抽取___张凭证样本，检查凭证制作人与复核人的签字，并追踪到原始单据

12.6 电子银行支付的控制

12.6.1 内部控制评价要求

电子银行支付的控制内部控制要求如表12-10所示。

表12-10 电子银行支付的控制内部控制要求

控制目标	风险	控制活动	相应审计程序
公司的电子支付政策符合管理层的意志,并且及时更新	● 错误的政策导向 ● 管理层意图无法贯彻执行 ● 陈旧政策的无效化	电子支付政策由相关部门协同安全技术专家共同制定	A
		电子支付政策得到高级管理层的审阅和批准后,下达操作部门执行	A
		相关部门协同安全技术专家定期复核该政策,根据技术的发展及时更新	B
电子银行支付服务系统是可用的	● 支付业务无法持续 ● 对供应商关系的潜在危害 ● 损失或者重复支付	公司的备份政策包括了电子支付应用程序和相关的后台应用程序以及数据的备份	C
		电子支付的物理传送通路有不止一路的出口接到银行的支付网关	D
		电子支付的相关网络和单机都受到防病毒软件的保护	E
电子支付业务仅支付经授权的合法供应商	● 对电子支付的恶意操纵或删除 ● 对供应商关系的潜在危害 ● 支付给错误的供应商	与所有电子支付对象有书面协议,明确双方的责任和义务	F
		所有的电子支付指令在发出前有适当的管理人员的授权批准	G
		电子支付的信息以及支付对象的反馈被日志文件记录下来	H
		电子支付的日志文件被管理员定期地复核,并对所有异常的情况及时进行调查和报告	H

续表

控制目标	风险	控制活动	相应审计程序
通过电子支付传送的数据具有机密性并且未经篡改	●敏感信息的泄露 ●未经授权的修改	使用一系列的安全机制和相关操作程序,建立起电子支付的安全架构	I
		电子支付程序安装在一个相对安全的计算机上	I
		传送的电子数据经过银行的非对称加密技术的加密	J
通过电子银行支付传送的数据是可靠的、不可抵赖的	●已支付交易被否认 ●未支付给预期对象	传送的电子数据经过银行的非对称加密技术的加密	J
		电子支付数据是基于有效的认证中心和电子签名技术加密的	K

12.6.2 审计程序

电子银行支付的控制内部审计程序如表12-11所示。

表12-11 电子银行支付的控制内部审计程序

程序	程序操作说明
A	1.对采购部、财务部、来自银行的技术专家等相关人员进行访谈,了解电子支付政策制定的依据、标准和相关信息,以及参与制定政策的人员的参与度和下达到部门的认知度等 2.获得书面的政策范本 3.检查政策范本,查看是否有高级管理层的签字确认 4.根据了解到的政策下达部门,询问电子支付操作人员对政策的了解程度 5.评估电子支付政策在相关部门贯彻执行的程度
B	1.对采购部、财务部、来自银行的技术专家等相关人员进行访谈,了解电子支付政策定期更新的相关信息,如更新范围、参与人员和更新频率等 2.检查更新政策的审计轨迹,如管理层复核的签字、更新原因说明、技术专家的意见等书面证据 3.根据书面文件上签署的日期,判断支付程序的更新频率是否符合访谈得到的信息

续表

程序	程序操作说明
C	1. 面谈公司IT的负责人，了解公司的备份政策，包括备份的媒质、方式、频度、包含的程序等信息 2. 在IT人员的帮助下，在线查看备份程序和备份工作日程，确认备份程序包含了电子支付的程序和数据 3. 在IT人员的帮助下，查看备份日志，寻找失败或异常中止的记录并调查原因 4. 要求IT人员恢复其中的一个备份，观察并评价其对恢复程序的熟悉程度
D	1. 询问IT人员关于电子支付的物理出口 2. 查看相关文件，包括建筑的平面图，电气布置图，银行、电信部门或物业提供的图纸和技术参数等 3. 在可能的情况下，实地检查线缆的布置情况和现场安全，确认不同的线缆出口处在不同的环境之中
E	1. 访谈IT人员有关防范病毒的措施，了解防毒软件的适用范围和类型、病毒签名的更新周期和方式等信息 2. 在线检查主要的服务器和电子支付程序所在电脑的防毒措施，确认防毒软件已被激活运行 3. 在线检查病毒签名的日期和版本，确认其已被更新到最新的状态 4. 询问和检查是否有定期运行的网络范围的病毒查找程序，若有，则检查其日志，调查异常情况的原因和跟进的结果
F	1. 访谈电子支付的相关部门，了解是否有与所有支付对象的书面协议 2. 获得该协议的存放文件夹，从中使用判断抽样法，抽取____张协议，检查下列内容 　a. 管理层的签章 　b. 电子支付的形式 　c. 处理和进行交易时双方的责任和义务 　d. 与电子交易相关的其他书面条款
G	1. 访谈电子支付的相关部门，了解是否所有电子支付之前均经过恰当的授权 2. 在IT的帮助下，取得最近一周的电子支付日志文件 3. 从交易日志中使用判断抽样法，抽取____条电子支付记录，追踪到书面的审计轨迹，如授权书、交易的批准单等，以确保所有的样本均有书面授权的支持 4. 获得书面授权单据的文件夹，放回步骤3抽样的样本后，对书面的授权单据进行"停-走抽样"，检查其是否均有管理层的签字确认 5. 若步骤4的"停-走抽样"发现了错误，则需调查未签字的原因，并考虑寻找替代性程序以保证电子支付的授权
H	1. 询问IT人员定期复核日志文件的过程和相关信息 2. 在IT的帮助下，取得最近一周的电子支付日志文件，检查文件上定期复核后的签字等审计轨迹 3. 在IT的帮助下，辨识电子支付指令记录和交易对象的反馈信息 4. 将电子支付指令和相应的反馈进行配对，调查所有不配对记录，向IT人员询问原因和跟进的措施

续表

程序	程序操作说明
I	1. 访谈IT人员，了解公司网络的安全机制和操作流程 2. 获得并检查相关文件，如网络拓扑、电子支付操作流程等，查看适当管理层的签字确认 3. 在IT人员帮助下，辨识安装电子支付程序电脑的网络所在地，并评价其网络划分的安全性 4. 实地查看该安装电子支付程序的电脑，确认没有任何非管理层意图的其他网络连接，该电脑的物理安全得到很好的保护等
J	1. 对IT人员或银行的安全技术专家进行访谈，了解数据在传送时的加密技术是对称的还是非对称的 2. 检查与银行或者交易对象签订的合同，阅读其中有关电子交易协议的条款，以判断加密协议的对称性 3. 了解加密协议的加密BIT数，并和电子支付政策相比确认其合规性
K	（若程序J无法达成，则不必进行程序K，直接进入审计建议和发现书即可） 1. 对IT人员或银行安全技术的专家进行访谈，了解数据是否使用认证中心和电子签名技术 2. 了解认证中心的背景资料，特别是其资质文件是否符合中国人民银行网上银行法规的要求 3. 复核相关的文件（书面的或者电子的），如认证中心证书、电子签名的协议书等，查看签发日期，判断其是否过期

第13章

业务内部控制审计——生产管理

13.1 生产管理业务流程概要

13.2 生产计划

13.3 生产流程（包括生产质量控制、计划外生产）

13.4 次品和残料的控制

13.5 产品成本的核算和入账

13.1 生产管理业务流程概要

生产管理业务流程包括图13-1所示审计子项。

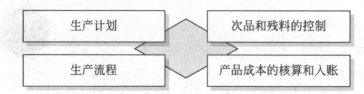

图13-1 生产管理业务流程审计子项

生产管理流程中包含了许多与原材料、在产品和产成品的收发有关的控制,我们将在存货审计程序中详细阐述。

内部审计人员在对公司的生产管理业务进行内部控制审计前,应制定调查问卷(如表13-1所示)并开展调查。

表13-1 生产管理业务调查问卷

问题	回答记录
1.公司现有几个生产车间?请提供生产管理部的组织结构	
2.公司的主要产品生产过程如何?	
3.公司是按何种方式来计划生产量的? a.以销定产的生产计划 b.上级部门或母公司的指令性计划 c.按工程合同/标书的批次生产 d.其他(请注明)	
4.公司是否使用生产管理软件模块进行控制?	
5.请介绍一下生产计划的制定过程及其主要内容,包括参与人员部门、制定依据、审批过程和计划的组成部分等相关信息	
6.公司如何进行生产计划的滚动性调整?是否有生产计划和实际产量的比较分析?	
7.公司对于计划外的紧急生产是否有应急的流程?	
8.计划外紧急生产是否有生产管理部门结合生产能力的判断和审批?	

续表

问题	回答记录
9. 公司的生产质量控制是否采用并获得了行业、国家或国际的相关标准的认证，如ISO9000等？	
10. 公司的质量检验部门在生产过程的哪个/些环节进行质量控制？使用哪些书面确认的手段？	
11. 公司生产过程中是否会产生有害于环境的副产品？若是，则公司是否有措施遵循国家的环境法规或标准？	
12. 是否使用生产物料清单（BOM）？如何制定BOM？	
13. 公司使用何种生产管理、统计的方法？（可以多选） a. 看板制度 b. 生产批次流转单 c. 生产日程十字图表 d. 六西格玛生产管理法则 e. 改善生产管理法则 f. 其他（请说明）	
14. 介绍一下生产流程中的单据和其流转程序，如工作指令单或者物料需求表等	
15. 生产部门如何对成品率和原料的耗费进行监控？有何跟进的改进措施？	
16. 生产部门如何控制管理生产过程中的领料和多余原材料的退库？	
17. 是否曾出现停工待料情况？频度如何？影响多大？	
18. 生产部门有何收集残料和次品的政策或操作流程？现行的做法是什么？	
19. 请介绍公司现行的残料和次品的变卖政策或流程	
20. 生产部门是否有定期盘点生产线上在产品的制度并贯彻执行？	
21. 请介绍公司产品成本结转的流程 a. 如何保证所有的投料和费用都被完整和正确地记录在案？ b. 如何保证在产品被完整和正确地转出到产成品？ c. 使用标准成本法的公司，其成本差异是否被及时调整到正确的会计期间？	
22. 使用标准成本法的公司，标准成本是如何制定的？是否有定期复核标准成本合理性的流程？	
23. 直接和间接的人工费用是否记入产品成本的流程？是否和工资支出费用相核对？	
24. 是否有充分的措施保证生产过程中人员、资产等的安全？	
25. 公司现有的生产能力是多大？目前达产率是多高？	

续表

问题	回答记录
26. 公司是否制定产品材料消耗定额？是否对材料消耗进行详尽的记录？是否定期对消耗定额的执行情况进行偏差原因分析？是否定期进行定额指标修正？	
27. 公司是否制定产品合格率指标？是否定期对次品率超标作出分析，并制定奖罚措施？	
28. 在现在的工作中，您最担心或最关心的事是什么？	

13.2 生产计划

13.2.1 内部控制评价要求

生产计划内部控制要求如表13-2所示。

表13-2 生产计划内部控制要求

控制目标	风险	控制活动	相应审计程序
生产计划符合销售预测需求和公司自身生产能力，符合管理层的意志	● 资金周转率的下降 ● 过高的存货水平 ● 无法满足客户需要 ● 管理层意图无法贯彻执行	生产计划由生产管理部门依据销售预测，考虑了公司存货水平和公司产能等信息来制定	A
		生产计划得到适当管理层的批准	A
有生产计划的执行分析，并对下期的计划进行滚动调整	● 生产计划不准确 ● 公司资产的损失	实际生产情况与生产计划被定期地分析比较，并经过管理层的审阅	B
		生产管理部门有生产计划的定期调整或滚动更新措施	B

13.2.2 审计程序

生产计划内部审计程序如表13-3所示。

表13-3 生产计划内部审计程序

程序	程序操作说明
A	1. 对生产管理、生产计划制订的相关人员进行访谈，了解生产计划的制订过程、使用的方法和参考的信息 2. 评价其使用有用信息的程度，如公司存货水平和生产能力等 3. 获得生产计划的文件，使用判断抽样法，抽取___份生产计划，查看是否有适当管理层的签字确认
B	1. 与生产管理部进行访谈，了解生产计划的事后分析和比较过程 2. 获得书面的文件，如生产计划的比较分析报告，与实际产量的差异分析，或者六西格玛的分析数据等，确认其已经管理层复核 3. 获得生产计划的后续调整文件，如滚动的更新文件或者定期的修改后的计划，确认其调整的周期、制作人和管理层的签字确认

13.3 生产流程（包括生产质量控制、计划外生产）

13.3.1 内部控制评价要求

生产流程（包括生产质量控制、计划外生产）内部控制要求如表13-4所示。

表13-4 生产流程内部控制要求

控制目标	风险	控制活动	相应审计程序
合适的且被有效运用的生产工艺流程	● 不成熟的生产工艺 ● 产品质量的下降	生产工艺流程经过适当的审核批准程序后才可进入生产程序	A
		对生产人员进行生产工艺流程培训	B
		对产品的物料消耗/损耗（包括工时）进行试验，根据试验结果或根据以前年度的定额执行情况，制定内部的产品消耗/损耗标准（或BOM），并由工艺/质量部门负责人审核	G

续表

控制目标	风险	控制活动	相应审计程序
日常生产符合生产计划	●未经计划批准的生产	生产计划（或订单）经批准后方可生产，且生产指令与每一生产批次相对应	C
		详细的日生产计划（或月生产计划）是基于经批准的月生产计划（或年度生产计划）制订	D
产品质量符合国家和公司标准	●产品质量不合规范 ●售后服务压力的增大	根据国家、行业相关标准，制定公司内部产品质量标准，并报管理层批准	E
		独立地对各道工序的在产品进行抽检，与标准进行比较，形成质检报告，根据质检报告决定是否需重新加工	F
		定期进行质量汇总报告	F
		生产中的材料耗用由专人统计并填写原料消耗表，由生产部门负责人（如车间主任）复核	H
		生产管理部门编制生产日报表、月报表，分析差异原因，并由管理人员审核	I
		根据实际生产过程的反馈做定期比较分析，对制定的各项标准进行重新审核及调整	G
计划外生产符合公司规定	●生产未经批准 ●超出生产能力	计划外的生产应符合公司生产能力，补充生产通知应由销售部、质管部和生产部门主管批准	J
生产安全	●公司资产损失 ●无法完成生产计划	领料之后尚未投入生产的物料由专人负责管理	K
		在产品和尚未入库的产成品由专人负责管理	K
		有相关生产劳动安全的制度或操作手册，并得以执行	K

13.3.2 审计程序

生产流程（包括生产质量控制、计划外生产）内部审计程序如表13-5所示。

表13-5 生产流程内部审计程序

程序	程序操作说明
A	1.对生产部门或技术部进行访谈,了解生产工艺的制定/修订流程及审批权限 2.采用判断抽样法对一个特定生产工艺流程进行检查,查看有无相应的审批程序
B	1.对生产部门主管进行访谈,了解对员工进行工艺培训的过程、方式与安排,通过检查相关培训记录(如人事部的记录或培训反馈意见等),确定是否已对所有相关员工进行培训 2.采用判断抽样法随机与生产部的___名员工进行访谈,了解其上岗前是否确实经过适当的培训
C	1.对生产部门主管进行访谈,了解产品开工的批准流程,各批次的产品是否均根据经批准的生产计划或产品订单生产,生产指令是否跟随实物同时流转 2.现场查看生产车间,采用判断抽样法随机抽取___个生产批次,检查每个生产批次的产品是否附有相应的生产指令 3.将生产指令与经批准的生产计划相核对,检查是否符合生产计划或是否存在相应的经过审批的订单
D	1.对生产部门主管进行访谈,了解生产计划的细化过程 2.检查经细化后的生产计划(如12个月的月度生产计划),查看有无相关主管的审核,并是否符合原经批准的年度生产计划
E	1.对质量部/技术部主管进行访谈,了解公司质量标准的制定流程,包括负责制定标准的部门、制定标准使用的参数、参考的国家或行业标准、标准的审批程序等 2.获得公司制定的书面质量标准,检查是否由技术部/质量部门制定,同时是否经管理层批准
F	1.对生产部门主管访谈,了解在生产过程中的质量检验程序,如检验频率、抽查标准、是否有人审核、所使用的报告格式等 2.采用判断抽样法随机抽取___个生产批次,追查至相应的检验报告,检查是否符合规定的频率,抽检人是否独立,检验报告是否经审核,如有不合格产品,是否按规定处理 3.获得质量汇总报告,并审核分析是否合理,查阅管理层的签字
G	1.对生产部/技术部主管访谈,了解物料消耗定额的制定/修订程序,如制定标准的部门、依据、审批过程等 2.采用判断抽样法抽取___个产品的消耗定额标准,追查是否遵循相应的制定程序,是否存在相关的书面记录,包括依据的数据是否可靠并经确认、制定的结果是否经审批等 3.了解消耗定额标准是否经定期复核和更新,并检查更新报告等书面文件
H	1.对生产部门主管进行访谈,了解对物料消耗/损耗(包括工时)的记录方式,如使用的单据、记录人、复核人、汇总方式 2.采用判断抽样法抽取___张消耗记录,检查是否由规定的专人审核并予以正确的汇总

续表

程序	程序操作说明
I	1.采用判断抽样法抽取__张生产日报表,检查是否经车间主任审核 2.将选取的生产报表追踪至当月的生产月报表,检查登记是否正确,月报表是否经生产部门主管核准,以及是否对差异进行分析
J	1.对生产部门主管进行访谈,了解计划外生产的过程,以及生产指令是否经过销售部、质管部和生产部门主管批准后下达 2.采用判断抽样法抽取___个计划外生产指令,检查是否经过适当的审批
K	1.询问领用的物料、在产品和未入库的产成品的管理流程,获得书面文本并评估适当性 2.实地观察物料、在产品和未入库的产成品保管的情况 3.询问了解生产劳动安全的制度,并获得操作手册,评估其合理性、合规性和完整性 4.获得生产流程的相关记录,如设备运转情况记录、生产操作记录、在制品各工序间的交接记录等 5.在产品和产成品的收发参见第9章的9.4"在产品和产成品的入库"和9.5"产成品出库"的内容

13.4 次品和残料的控制

13.4.1 内部控制评价要求

次品和残料的控制内部控制要求如表13-6所示。

表13-6 次品和残料的控制内部控制要求

控制目标	风险	控制活动	相应审计程序
次品残料准确收集和记录	●不准确的记录 ●次品及残料损失	生产部门指定地点分类存放次品及残料,并通过适当的计量,由独立的人员负责记录	A
		次品及残料运出厂门需经独立于生产部门的人员批准并经过检查	B

续表

控制目标	风险	控制活动	相应审计程序
次品与残料的处置符合国家和公司的有关规定	● 违反法律或规定 ● 未经授权的处置	公司制定有关次品与残料处置的制度或规定，并与国家相关法律相符	A
		指定部门（生产部门以外）负责次品及残料的处置	A
		次品及残料的发出经过适当计量并由独立的人登记	A
		对于可修复再利用的次品残料，由专人进行管理和登记	A
次品与残料所带来的收益流入公司并被正确记录	● 收益的不准确 ● 可能的舞弊 ● 财务记录的不准确	财务部等相关部门参与对次品及残料的定价过程	C
		次品及残料的定价由适当的管理层批准	C
		所有次品与残料的出售应开具发票	C
		财务部依据发票及收取的货款编制记账凭证	C

13.4.2 审计程序

次品和残料的控制内部审计程序如表13-7所示。

表13-7 次品和残料的控制内部审计程序

程序	程序操作说明
A	1.对生产部门相关人员进行访谈，了解公司产生的次品及残料的主要种类以及处置方式 2.现场观察次品及残料的堆放方式，评估其是否符合管理规定及安全性 3.对处置部门相关人员进行访谈，了解次品及残料处置的流程 4.了解对于可修复再利用残料的管理和登记制度 5.获得书面的次品及残料的处置制度或规定，评估其是否符合国家有关法律规定，检查是否有管理层的签字 6.获得次品及残料记录簿，检查进出和再利用回收的登记是否依据适当的凭证，次品及残料是否经过适当的计量，以及经办人员的签字
B	使用判断抽样法，从登记记录中抽取___张次品及残料发出记录，对照门卫的放行记录，核对是否经过适当的批准

续表

程序	程序操作说明
C	1.对财务部等定价相关人员进行访谈，了解次品及残料的定价过程及销售政策 2.获得近___个月份中次品及残料的价格表，查看是否有管理层的签字或书面认可 3.获得近___个月的次品及残料销售凭证，检查是否与销售发出记录一致，是否已经确认收入，检查销售发票是否与定价一致 4.次品、残料的收发参见第9章的9.8"残次冷背存货的管理"

13.5 产品成本的核算和入账

13.5.1 内部控制评价要求

产品成本的核算和入账内部控制要求如表13-8所示。

表13-8 产品成本的核算和入账内部控制要求

控制目标	风险	控制活动	相应审计程序
存货计价方法及间接费用的分摊方法正确	●成本核算不准确	制定书面的存货计价方法，比如FIFO、标准成本法，并经适当管理层的审批	A
		对生产过程中的每个阶段的存货制定标准成本和差异分摊的方法，并经适当管理层的审批	A
		制定书面的间接费用的分摊方法，并经适当管理层的审批	A
及时准确记录所有实际发生的生产成本	●成本核算不准确 ●销售毛利不准确	领料单预先连续编号并连续使用	B/F
		产成品入库单预先连续编号并连续使用	B/F
		生产部门与仓库应定期核对在产品和原材料的发出记录，调查差异原因并采取相应的跟进措施	C/F
		财务复核生产报表（领料、产成品产出）与仓库报表（发料、产成品入库）的一致性和截止期	C/F

续表

控制目标	风险	控制活动	相应审计程序
及时准确记录所有实际发生的生产成本	●成本核算不准确 ●销售毛利不准确	生产部门根据考勤记录等汇总核算人工工时、机器工时	F
		财务使用最新的价格清单核算人工和制造费用	D/F
进行正确的成本分摊	●成本核算不准确 ●销售毛利不准确	计算标准成本和实际成本间的差异以及分摊	E
		财务主管对成本核算进行复核并签字确认	E
		管理层对成本核算中由于次品残料造成的部分进行复核并签字确认	E
		定期复核存货的标准成本，并经适当管理层的确认	E

13.5.2 审计程序

产品成本的核算和入账内部审计程序如表13-9所示。

表13-9 产品成本的核算和入账内部审计程序

程序	程序操作说明
A	1. 对财务部或其他相关人员进行访谈，了解成本核算的流程、存货计价的方法及期间费用的分摊方法等 2. 获得书面的成本核算方法，并复核管理层对该文件的确认及所采用成本核算方法的合理性
B	1. 对财务部、生产部门或其他相关人员进行访谈，了解生产成本汇总的流程 2. 使用判断抽样法，从最近___个月生产部门递交的生产成本核算/汇总报表中抽取___个样本，追查到其依据的领料单，复核单据是否连号，领料是否经仓库确认 3. 使用判断抽样法，从最近___个月生产部门递交的生产报表中抽取___个样本，追查到其依据的产成品入库单，复核单据是否连号，产成品入库是否经仓库确认 4. 使用分析性复核的方法，分析生产成本的变动趋势，结合其他营运信息判断生产成本的变动是否合理
C	1. 对生产部门、仓库、财务部或其他相关人员进行访谈，了解领料和产成品入库的对账流程 2. 使用判断抽样法，抽取___个月的生产成本核算/汇总报表和生产报表，复核领料数和产成品入库数是否与仓库报表的发收数量一致 3. 对于发现的不一致情况，查看双方是否对差异进行了调查，其结果是否合理，并复核相应的账务处理是否正确

续表

程序	程序操作说明
D	1. 对财务部、生产部门或其他相关人员进行访谈，了解制造费用汇总的流程 2. 使用判断抽样法，从最近___个月制造费用的明细账中抽取___个样本，追查到生产部门的相关原始报表，复核是否与明细账的记录一致，是否使用了适当的人工、费用价目表 3. 使用分析性复核的方法，分析制造费用的变动趋势，结合其他营运信息判断制造费用的变动是否合理 4. 获取科目余额表，查看制造费用期末的余额是否都已转入生产成本
E	1. 对财务部或其他相关人员进行访谈，了解成本分摊的方法，评估分摊方法的合理性 2. 使用判断抽样法，从成本核算表中抽取___个产品，重新计算其应分摊的成本以及对期末存货和本期销售成本的影响，查看是否和表中的计算结果一致 3. 查看和了解次品残料的成本计算方法并评估其合理性 4. 复核成本核算是否经过财务主管人员的确认 5. 获取并复核最新的标准成本批准文件范本
F	1. 使用穿行测试法对生产成本、制造费用的汇总与核算进行测试 2. 获取生产成本、制造费用核算过程中所有原始单据和报表的范本，比如，领料单、入库单、生产报表、库存报表、考勤记录、工费价格清单、生产成本核算表和制造费用核算表等，复核原始单据是否预先连续编号、连续使用，成本核算表和制造费用的核算中是否使用了最新的工费价格清单，各项原始单据的汇总表数额是否与生产成本核算表、制造费用核算表总数一致，是否与账户记录的一致 3. 使用判断抽样法，从各项原始单据中抽取___个样本，查看是否已经包含在生产成本核算表、制造费用核算表中，核算是否正确

第 14 章

业务内部控制审计——会计

14.1 会计业务流程概要

14.2 会计政策的制定和审批

14.3 凭证的订立及审批

14.4 财务报表的制作、复核与管理

14.5 会计档案的存档(凭证、账簿和报表等)

14.6 纳税申报和缴纳

14.1 会计业务流程概要

会计业务流程包括图14-1所示审计子项。

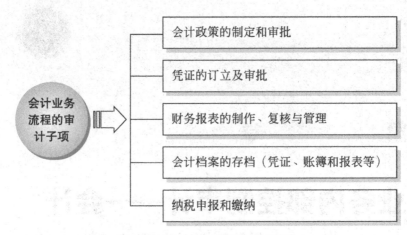

图14-1 会计业务流程的审计子项

内部审计人员在对公司的会计业务进行内部控制审计前,应制定调查问卷(如表14-1所示)并开展调查。

表14-1 会计业务调查问卷

问题	回答记录
1.公司是采用手工还是财务系统(电脑系统)?	
2.如采用财务系统,系统名称是什么?是否已通过财政局电算化审批?	
3.公司会计政策的制定过程是怎样的?	
4.公司采用何种会计制度?	
5.公司是否有成文的会计操作手册?	
6.财务部门是如何职责分工的?	
7.财务部门人员是否有上岗证?相关人员的资格情况如何?定期业务培训情况如何?	
8.公司凭证如何分类?	

续表

问题	回答记录
9.凭证的制作、审核过程是怎样的?	
10.如何确保只有审核过的凭证才可记入账簿?	
11.财务报表的制作、审核过程是怎样的?	
12.财务报表是财务系统自动生成的,还是人工制作的?	
13.公司是否有明确的会计存档政策?保存期限是怎样的?	
14.公司会计档案仓库的保安及消防措施如何?	
15.公司今年是否有销毁会计档案的事项?	
16.公司是否有专门的处理税务的人员?	
17.公司税务处理人员是否经税务部门认定?是否有相关的资质证书?	
18.公司税务结算的控制流程是怎样的?	
19.公司的发票管理控制是怎样的?	
20.公司增值税是否使用电脑开票系统?	
21.公司开票系统(电脑系统)是否有密码来限制进入?	
22.公司如何确保税款能及时缴纳?	
23.公司是否制作年度预算?	
24.公司制作预算的模式是怎样的?是自上而下,还是自下而上?	
25.公司年度预算的制作、更新和审批流程是怎样的?	
26.是否定期比对预算执行情况,如何比对?	
27.预算需要更新的标准是什么?	
28.更新预算的审批程序是怎样的?	
29.公司近期有无做过税务检查,有无问题?	
30.在现在的工作中,您最担心或最关心的事是什么?	

14.2 会计政策的制定和审批

14.2.1 内部控制评价要求

会计政策的制定和审批内部控制要求如表14-2所示。

表14-2　会计政策的制定和审批内部控制要求

控制目标	风险	控制活动	相应审计程序
公司制定的会计政策符合国家会计准则、会计制度及相关规定，也符合公司管理的需要	● 公司会计处理违反国家相关规定 ● 会计处理不符合管理层的要求 ● 提供错误的会计报告	公司会计政策的制定有相应的操作程序	A
		公司会计政策的制定人员定期学习国家颁布的会计准则及相关规定	B
		根据国家现行会计准则、会计制度及相关规定定期更新公司现行会计制度	A
		公司制定的会计政策经公司高级管理层批准后实施	A
公司根据国家会计政策和会计估计的变更及时变更公司会计政策和会计估计	● 公司会计处理违反国家相关规定 ● 会计处理不符合管理层的要求	公司会计政策的制定人员定期学习国家颁布的会计准则及相关规定	B
		定期复核公司现行会计制度是否符合国家现行会计准则、会计制度及相关规定	A
公司会计政策和会计估计的变更符合国家会计制度及公司管理的需要	● 公司会计处理违反国家相关规定 ● 会计处理不符合管理层的要求 ● 提供错误的会计及报告	公司会计政策和会计估计的变更有相关的操作程序	A
		公司会计政策的制定人员定期学习国家颁布的会计准则及相关规定	B
		定期复核公司现行会计制度是否符合国家现行会计准则、会计制度及相关规定	A
		公司会计政策和会计估计的变更经公司高级管理层批准后实施	A

14.2.2 审计程序

会计政策的制定和审批内部审计程序如表 14-3 所示。

表 14-3 会计政策的制定和审批内部审计程序

程序	程序操作说明
A	1. 询问公司财务部门管理人员关于公司会计制度制定及更新的相关操作流程 2. 通过日期追踪到最近一稿的公司现行会计制度，查看最新的相关法律法规是否被更新体现 3. 查阅公司高级管理层批准会计制度（制定及变更）的书面记录，检查是否符合公司的规定
B	1. 询问公司财务人员定期业务培训方面的政策 2. 获得并检查与培训相关的书面材料，如培训记录、轮训计划、培训后所得的证书等 3. 选择财务人员询问是否参加了培训 4. 查看审计所属期间会计政策的变更，公司是否相应作了追溯调整 5. 询问财务部门管理人员，在审计所属期间有无会计科目的变更，并查核原因以及公司管理层的签字

14.3 凭证的订立及审批

14.3.1 内部控制评价要求

凭证的订立及审批内部控制要求如表 14-4 所示。

表 14-4 凭证的订立及审批内部控制要求

控制目标	风险	控制活动	相应审计程序
凭证的分类和格式符合国家会计制度的规定及公司的管理要求	● 不符合国家的会计制度的规定 ● 不利于凭证管理	公司有明确的会计制度作为制作凭证的政策依据	A
		财务部管理层复核凭证的分类和格式	B
		凭证分类及格式的变更须经财务部门管理层批准	B

续表

控制目标	风险	控制活动	相应审计程序
凭证的内容与原始单据相符，其会计分录是正确的	●会计处理不正确 ●会计信息错误	公司有明确的会计制度，作为制作凭证的政策依据	A
		凭证的制作人应对原始单据进行检查	C
		凭证应经制作人以外的财务人员复核	C
凭证正确、完整、及时地入账	●会计账目不正确 ●财务信息不正确	凭证应按分类连续编号	C
		凭证入账前应检查是否已经过适当的复核	C
		已入账凭证应做相应的标记	C
		期末结账前应有专人检查是否所有的凭证都已入账	C/D

14.3.2 审计程序

凭证的订立及审批内部审计程序如表14-5所示。

表14-5 凭证的订立及审批内部审计程序

程序	程序操作说明
A	获得并审阅公司现行会计制度，看其是否符合国家的会计准则、会计制度及相关的规定
B	1.询问公司凭证分类及格式的制定和变更的过程 2.查阅公司凭证分类及格式的书面规定，查看是否有财务部管理层的审批 3.审阅公司凭证分类及格式是否符合国家财务制度的要求
C	1.询问公司凭证制作及审核的操作流程 2.从各类凭证中，用判断抽样法抽取___凭证样本，检查其制作人、审核人签字，并检查凭证后附的原始单据，看原始单据是否合法，内容是否与凭证一致，会计处理是否正确 3.检查凭证是否按分类连续编号 4.检查凭证上入账人的签字以及已过账标记，并跟踪至账簿，检查凭证入账是否正确
D	1.询问公司月末/年底结账的流程和相关控制程序 2.对照公司会计政策和会计估计，判断其一致性 3.评估期末结账入账的完整性

14.4 财务报表的制作、复核与管理

14.4.1 内部控制评价要求

财务报表的制作、复核与管理内部控制要求如表14-6所示。

表14-6 财务报表的制作、复核与管理内部控制要求

控制目标	风险	控制活动	相应审计程序
财务报表符合国家会计制度，正确反映公司财务状况	● 财务信息不正确 ● 公司名誉、价值受损	公司使用国家规定的报表格式	A
		公司制定报表的人员定期学习公司会计制度及国家颁布的会计准则和相关规定，具有制作财务报表的能力	B
		公司财务报表应经财务部门管理层审核签字	A
财务报表按国家规定要求报送有关部门	● 违反国家财经管理的规定	公司财务报表要经过公司法定代表人批准、签字并加盖公章，会计师事务所审计后才可报送	A
		公司财务报表完成日应早于国家规定报表提交日	A

14.4.2 审计程序

财务报表的制作、复核与管理内部审计程序如表14-7所示。

表14-7 财务报表的制作、复核与管理内部审计程序

程序	程序操作说明
A	1.询问财务部门管理层关于财务报表制作、报送的流程及控制 2.取得审计时间范围内所有月末及年末财务报表，检查其格式是否符合国家财务制度的规定，是否有制作人、财务部门管理层及公司法定代表人签字，是否加盖公章
B	1.询问公司财务人员定期业务培训方面的政策 2.获得并检查与培训相关的书面材料，如培训记录、轮训计划、培训后所得的证书等

14.5 会计档案的存档(凭证、账簿和报表等)

14.5.1 内部控制评价要求

会计档案的存档(凭证、账簿和报表等)内部控制要求如表14-8所示。

表14-8 会计档案的存档内部控制要求

控制目标	风险	控制活动	相应审计程序
会计档案应恰当地保管	● 会计档案丢失、毁损	会计档案应及时装订,专门存放	A/B
		会计档案应由专人保管	A
		会计档案保管仓库应有适当的安全防护及消防方面的措施	B
		电子信息类档案应有定期的备份措施,且几个备份应分放在不同的地方	A/B
		会计档案应连续编号	A
会计档案应保密,查阅应符合公司的政策	● 会计档案丢失、毁损 ● 会计信息不当泄露	公司应制定会计档案查阅、借阅制度	A
		会计档案的查阅应经过恰当的管理层的批准,并有书面的审批记录	C
		会计档案的借阅应经高级管理层的批准	C
		档案保管人定期检查档案登记本,对长期未归还档案进行调查	C
		会计档案的查阅、借阅和使用情况应在相应的登记本上登记	C
会计档案的保管期限和到期销毁程序符合国家规定及公司的政策	● 违反国家相关规定 ● 会计档案未经授权的毁损	公司应制定会计档案保存年限及到期销毁程序方面的政策	A
		会计档案的保存年限应不低于国家规定的年限	A
		会计档案到期销毁应经过授权的管理层书面批准,并在档案登记本上注销	C
		会计档案销毁前,应由专人核对销毁的档案是否与批准销毁的档案一致	A

14.5.2 审计程序

会计档案的存档（凭证、账簿和报表等）内部审计程序如表14-9所示。

表14-9　会计档案的存档内部审计程序

程序	程序操作说明
A	1. 询问财务部门管理层关于会计档案保管、查阅、借阅、保存期限及销毁方面的政策 2. 审阅公司相关的书面政策，检查其是否符合国家的相关规定 3. 用判断抽样法抽取___份会计档案样本，查看是否连续编号
B	1. 现场观察会计档案保管仓库，检查仓库的安全措施，并随机抽取一些档案检查其状况 2. 询问IT部门和财务部的人员，了解电子会计文档的备份措施，包括备份的周期、是否异地存放等
C	1. 从会计档案登记本上查阅记录中，检查其登记是否符合公司要求，并用判断抽样法抽取___个项目，跟踪至相应的书面审批记录 2. 检查会计档案登记本上所有的借阅记录，看其登记是否符合公司要求，跟踪至相应的书面审批记录，对长期未还档案应进行必要的调查 3. 检查会计档案登记本上所有的销毁记录，看其登记是否符合公司要求，跟踪至相应的书面审批记录

14.6　纳税申报和缴纳

14.6.1　内部控制评价要求

纳税申报和缴纳内部控制要求如表14-10所示。

表14-10 纳税申报和缴纳内部控制要求

控制目标	风险	控制活动	相应审计程序
应纳税计算正确，财务处理正确	● 未按国家规定交税 ● 多交税	公司应有专门的办税人员，办税人员应取得税务管理部门的认可	A
		公司办税人员定期学习国家税务法规及相关规定，具有办税能力	A
		公司各部门应在公司规定的时限内将涉税的原始单据交税务计算人员	B
		纳税申报表递交前应经过财务部门管理层的复核	C
		应纳税入账前经过双重审核	C
税款申报、缴纳及时	● 未及时缴纳税款 ● 税务管理部门的处罚	公司规定的税务结算日应早于税务法规规定的申报、缴纳日	B
		公司各部门应在公司规定的时限内将涉税的原始单据交税务计算人员	B
		公司的税款存放于专门的账户专款专用，税款缴纳前应确认税务账户有足够的余额	B C
保证公司发票的管理符合国家税务法规的规定	● 发票遗失 ● 税务管理部门的处罚	空白发票应由专人保管并有适当的登记	D
		发票专用章应由制作发票以外的人员保管	D
		发票发出前应经过适当的复核	E
		作废发票应全套收回，注明作废并与存根放在一起	E
		开发票电脑应有适当的接触控制，电脑启动、进入开票系统都需设置密码	F

14.6.2 审计程序

纳税申报和缴纳内部审计程序如表14-11所示。

表14-11 纳税申报和缴纳内部审计程序

程序	程序操作说明
A	1.查看最近年度税务罚款记录并查核原因 2.了解公司办税人员的安排 3.检查公司办税人员的资格证书 4.了解公司办税人员定期培训的情况,获得并审阅书面的资料,如培训计划、培训资料、培训后的资质证书等
B	1.询问公司办税人员关于税务结算方面的操作流程 2.评估涉税原始单据收集的及时性和完整性 3.获得纳税专户的对账单,查看其时间记录是否符合税法要求的纳税时间,其交易记录是否是缴税相关的
C	1.用判断抽样法抽取___个月(季末)的全套纳税申报表,查看是否有2个相关人员的签字,并审核入账计算是否正确 2.检查制作人及复核人签字,申报时间是否符合规定,并跟踪至相应的缴税证明,核对缴纳金额是否正确,缴纳时间是否符合规定
D	1.了解公司发票、发票专用章管理方面的规定 2.查阅公司发票购买登记本,检查发票登记情况
E	1.查阅公司现有发票的存根,检查是否有制作人及审核人签字 2.如有作废发票,则检查其是否已全套收回,是否注明作废,是否与存根联一起存放
F	1.了解公司电脑开发票方面的控制 2.实地观察电脑开票的情况,并对系统是否有密码保护进行现场检查

第15章

信息系统审计

15.1 信息系统审计的一般原则

15.2 信息系统审计计划

15.3 信息技术风险评估

15.4 信息系统审计的内容

15.5 信息系统审计的方法

15.6 对信息系统计划开发阶段的审计

15.7 对信息系统运行维护阶段的审计

为了规范信息系统审计工作，提高审计质量和效率，根据《内部审计基本准则》，制定《第2203号内部审计具体准则——信息系统审计》，该准则对信息系统的审计作出了明确的规定。

15.1 信息系统审计的一般原则

15.1.1 审计的目的

信息系统审计的目的是通过实施信息系统审计，对企业是否实现信息技术管理目标进行审查和评价，并基于评价意见提出管理建议，协助企业信息技术管理人员有效地履行职责。

企业的信息技术管理目标主要包括以下几点。

（1）保证企业的信息技术战略充分反映企业的战略目标。

（2）提高企业所依赖的信息系统的可靠性、稳定性、安全性和数据处理的完整性、准确性。

（3）提高信息系统运行的效果与效率，合理保证信息系统的运行符合法律法规和相关监管要求。

15.1.2 责权划分

企业中信息技术管理人员的责任是进行信息系统的开发、运行和维护，以及与信息技术相关的内部控制的设计、执行和监控；信息系统审计人员的责任是实施信息系统审计工作并出具审计报告。

从事信息系统审计的内部审计人员应当具备必要的信息技术和信息系统审计专业知识、技能、经验。必要时，实施信息系统审计可以利用外部专家服务。

15.1.3 其他

信息系统审计既可以作为独立的审计项目组织实施，也可以作为综合性内部审计项目的组成部分实施。

当信息系统审计作为综合性内部审计项目的一部分时，信息系统审计人员应当及时与其他相关内部审计人员沟通信息系统审计中的发现，并考虑依据审计结果调整其他相关审计的范围、时间和性质。

内部审计人员应当采用以风险为基础的审计方法进行信息系统审计，风险评估应当贯穿于信息系统审计的全过程。

15.2 信息系统审计计划

内部审计人员在实施信息系统审计前，需要确定审计目标并初步评估审计风险，估算完成信息系统审计或专项审计所需的资源，确定重点审计领域和审计活动的优先次序，明确审计组成员的职责，编制信息系统审计方案。

编制信息系统审计方案时，除遵循相关内部审计具体准则的规定外，还应当考虑下列因素。

（1）高度依赖信息技术、信息系统的关键业务流程和相关的组织战略目标。
（2）信息技术管理的组织架构。
（3）信息系统框架和信息系统的长期发展规划及近期发展计划。
（4）信息系统及其支持的业务流程的变更情况。
（5）信息系统的复杂程度。
（6）以前年度信息系统内、外部审计所发现的问题及后续审计情况。
（7）其他影响信息系统审计的因素。

当信息系统审计作为综合性内部审计项目的一部分时，内部审计人员在审计计划阶段还应当考虑项目审计目标和要求。

15.3 信息技术风险评估

内部审计人员进行信息系统审计时，应当识别企业所面临的与信息技术相关的内、外部风险，并采用适当的风险评估技术和方法，分析和评价其发生的可能性和影响程度，为确定审计目标、范围和方法提供依据。

15.3.1 信息技术风险的分类

信息技术风险是指企业在信息处理和信息技术运用过程中产生的、可能影响企业目标实现的各种不确定因素。信息技术风险包括以下方面。

(1) 企业层面的信息技术风险。
(2) 一般性控制层面的信息技术风险。
(3) 业务流程层面的信息技术风险。

15.3.2 识别和评估风险应关注的内容

识别和评估风险应关注的内容如表 15-1 所示。

表 15-1 识别和评估风险应关注的内容

序号	类别	关注的内容
1	企业层面、一般性控制层面的信息技术风险	(1) 业务关注度,即企业的信息技术战略与企业整体发展战略规划的契合度,以及信息技术(包括硬件及软件环境)对业务和用户需求的支持度 (2) 信息资产的重要性 (3) 对信息技术的依赖程度 (4) 对信息技术部门人员的依赖程度 (5) 对外部信息技术服务的依赖程度 (6) 信息系统及其运行环境的安全性和可靠性 (7) 信息技术变更 (8) 法律规范环境 (9) 其他
2	业务流程层面的信息技术风险	业务流程层面的信息技术风险受行业背景、业务流程的复杂程度、上述企业层面和一般性控制层面的控制有效性等因素的影响而存在差异。一般而言,内部审计人员应当了解业务流程,并关注下列信息技术风险 (1) 数据输入 (2) 数据处理 (3) 数据输出

特别提示

内部审计人员应当充分考虑风险评估的结果,以合理确定信息系统审计的内容和范围,并对企业的信息技术内部控制设计合理性和运行有效性进行测试。

15.4 信息系统审计的内容

信息系统审计主要是对企业层面信息技术控制、信息技术一般性控制和业务流程层面相关应用控制的审查和评价。

15.4.1 企业层面信息技术控制

企业层面信息技术控制是指董事会或最高管理层对信息技术治理职能和内部控制的重要性的态度、认识和采取的措施。内部审计人员应当考虑图15-1所列控制要素中与信息技术相关的内容。

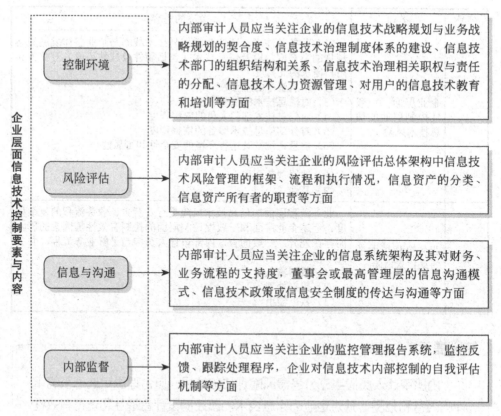

图15-1 企业层面信息技术控制要素与内容

15.4.2 信息技术一般性控制

信息技术一般性控制是指与网络、操作系统、数据库、应用系统及其相关人员有关的信息技术政策和措施,以确保信息系统持续稳定地运行和支持应用控制的有效性。对信息技术一般性控制的审计应当考虑图15-2所列的控制活动。

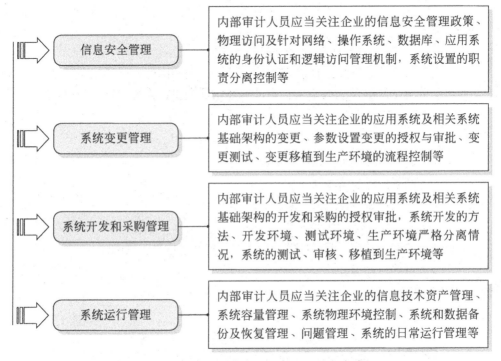

图 15-2　信息技术一般性控制审计要考虑的控制活动

15.4.3 业务流程层面应用控制

业务流程层面应用控制是指在业务流程层面为了合理保证应用系统准确、完整、及时完成业务数据的生成、记录、处理、报告等功能而设计、执行的信息技术控制。对业务流程层面应用控制的审计应当考虑下列与数据输入、数据处理和数据输出环节相关的控制活动。

（1）授权与批准。
（2）系统配置控制。

(3)异常情况报告和差错报告。
(4)接口/转换控制。
(5)一致性核对。
(6)职责分离。
(7)系统访问权限。
(8)系统计算。
(9)其他。

> **特别提示**
>
> 信息系统审计除上述常规的审计内容外,内部审计人员还可以根据企业当前面临的特殊风险或需求,设计专项审计以满足审计战略,具体包括(但不限于)下列领域。
> (1)信息系统开发实施项目的专项审计。
> (2)信息系统安全专项审计。
> (3)信息技术投资专项审计。
> (4)业务连续性计划的专项审计。
> (5)外包条件下的专项审计。
> (6)法律、法规、行业规范要求的内部控制合规性专项审计。
> (7)其他专项审计。

15.5 信息系统审计的方法

内部审计人员在进行信息系统审计时,可以单独或综合运用下列审计方法获取相关、可靠和充分的审计证据,以评估信息系统内部控制的设计合理性和运行有效性。

(1)询问相关控制人员。
(2)观察特定控制的运用。
(3)审阅文件、报告和计算机文档或日志。
(4)根据信息系统的特性进行穿行测试,追踪交易在信息系统中的处理过程。

（5）验证系统控制和计算逻辑。
（6）登录信息系统进行系统查询。
（7）利用计算机辅助审计工具和技术。
（8）利用其他专业机构的审计结果或企业对信息技术内部控制的自我评估结果。
（9）其他。

内部审计人员可以根据实际需要利用计算机辅助审计工具和技术进行数据的验证、关键系统控制或计算的逻辑验证、审计样本选取等；内部审计人员在充分考虑安全的前提下，可以利用可靠的信息安全侦测工具进行渗透性测试等。

15.6 对信息系统计划开发阶段的审计

对信息系统计划开发阶段的审计包括对计划的审计和对开发的审计，既可以是事中审计，也可以是事后审计。比较而言事中审计更有意义，审计结果的得出利于故障、问题的及早发现，利于调整计划，利于开发顺序的改进。

15.6.1 信息系统计划阶段

信息系统计划阶段的关键控制点有：计划是否有明确的目的，计划中是否明确描述了系统的效果，是否明确了系统开发的企业对整体计划进程是否正确预计，计划能否随经营环境改变而及时修正，计划是否制定有可行性报告，关于计划的过程和结果是否有文档记录等。

15.6.2 信息系统开发阶段

信息系统开发阶段包括系统分析、系统设计、代码编写和系统测试。其中涉及功能需求分析、业务数据分析、总体框架设计、结构设计、代码设计、数据库设计、输入输出设计、处理流程及模块功能的设计。编程时依据系统设计阶段的设计图及数据库结构和编码设计，用计算机程序语言来实现系统的过程。测试包括动态测试和静态测试，是系统开发完毕进入试运行之前的必经程序。系统开发阶段关键控制点的审计内容如表15-2所示。

表 15-2 系统开发阶段关键控制点的审计内容

序号	关键控制点	审计内容
1	分析控制点	（1）是否已细致分析企业组织结构 （2）是否确定用户功能和性能需求 （3）是否确定用户的数据需求
2	设计控制点	（1）设计界面是否方便用户使用 （2）设计是否与业务内容相符 （3）性能是否满足需要 （4）是否考虑故障对策和安全保护
3	编程控制点	（1）是否有程序说明书，并按照说明书进行编写 （2）编程与设计是否相符，有无违背编程原则 （3）程序作者是否进行自测 （4）是否有程序作者之外的第三人进行测试 （5）编程的书写、变量的命名等是否规范
4	测试控制点	（1）测试数据的选取是否按计划和需要进行，是否具有代表性 （2）测试是否站在公正客观的立场进行，是否有用户参与测试 （3）测试结果是否正确记录

15.7 对信息系统运行维护阶段的审计

对信息系统运行维护阶段的审计又细分为对运行阶段的审计和对维护阶段的审计。

15.7.1 信息系统运行阶段

信息系统运行阶段的审计是在信息系统正式运行阶段，针对信息系统是否被正确操作和是否有效地运行，从而真正实现信息系统的开发目标、满足用户需求而进行的审计。对信息系统运行阶段的审计分为系统输入审计、通信系统审计、处理过程审计、数据库审计、系统输出审计和运行管理审计六大部分。具体内容如表 15-3 所示。

表 15-3　信息系统运行维护阶段关键控制点的审计内容

序号	关键控制点	审计内容
1	系统输入审计	(1) 是否制定并遵守输入管理规则 (2) 是否有数据生成顺序、处理等的防错、保护措施 (3) 防错、保护措施是否有效
2	通信系统审计	(1) 是否制定并遵守通信规则 (2) 对网络存取控制和监控是否有效
3	处理过程审计	审计主要针对数据输入系统后是否被正确处理。关键控制点有：被处理的数据、数据处理器、数据处理时间、数据处理后的结果、数据处理实现的目的、系统处理的差错率、平均无故障时间、可恢复性和平均恢复时间
4	数据库审计	(1) 对数据的存取控制和监视是否有效 (2) 是否记录数据利用状况并定期分析 (3) 是否考虑数据的保护功能 (4) 是否有防错、保密功能 (5) 防错、保密功能是否有效
5	系统输出审计	(1) 输出信息的获取和处理是否有防止不正当行为和机密保护措施 (2) 输出信息是否准确和及时 (3) 输出信息的形式是否被客户所接受 (4) 是否记录输出出错情况并定期进行分析
6	运行管理审计	(1) 操作顺序是否标准化 (2) 作业进度是否有优先级 (3) 操作是否按标准进行 (4) 人员交替是否规范 (5) 能否对预计与实际运行的差异进行分析 (6) 遇到问题时能否相互沟通 (7) 是否有经常性培训与教育

15.7.2　信息系统维护阶段

信息系统维护阶段的审计包括对维护计划、维护实施、改良系统的试运行和旧系统的废除等维护活动的审计。维护阶段的关键控制点有以下几点。

(1) 维护组织的规模是否适应需要。

(2) 人员分工是否明确。

(3) 是否有一套管理机制和协调机制。

(4)维护阶段发现的可改进点,维护是否得到维护负责人同意。
(5)是否对发现的问题做了修正。
(6)维护记录是否有文档记载。
(7)是否定期分析。
(8)旧系统的废除是否在授权下进行。